乡村振兴战略中的互联网技术应用系列

农村移动互联网应用

主　编　唐自然

北京邮电大学出版社
·北京·

内 容 简 介

党的十九大提出乡村振兴战略是中华民族伟大复兴、实现中国梦的必然要求,是厚植中华文明根基、发展现代文明的需要,是实现城乡、区域和人的均衡发展的必要条件,是推动新型城市化、实现中国经济可持续发展的需要,是实现中国充分发展的必由之路。运用现代科学技术是实现乡村振兴的路径之一,而移动互联网在农村的应用已经成为乡村振兴的重要手段。

本书根据移动互联网在农村应用的具体场景,从农村移动电子商务、农村移动互联网教育、农村金融、乡村旅游等方面展开阐述,为新农人快速掌握移动互联网技术在日常生活工作中应用提供指导。

图书在版编目(CIP)数据

农村移动互联网应用/唐自然主编. —— 北京:北京邮电大学出版社,2018.4(2021.5重印)
ISBN 978-7-5635-5425-6

Ⅰ.①农… Ⅱ.①唐… Ⅲ.①互联网络—应用—农村经济—研究—中国 Ⅳ.①F32-39

中国版本图书馆 CIP 数据核字(2018)第 061507 号

书　　名	农村移动互联网应用
主　　编	唐自然
责任编辑	唐咸荣
出版发行	北京邮电大学出版社
社　　址	北京市海淀区西土城路 10 号(100876)
电话传真	010-82333010　62282185(发行部)　010-82333009　62283578(传真)
网　　址	www.buptpress3.com
电子信箱	ctrd@buptpress.com
经　　销	各地新华书店
印　　刷	保定市中画美凯印刷有限公司
开　　本	787 mm×960 mm　1/16
印　　张	8.5
字　　数	167 千字
版　　次	2018 年 4 月第 1 版　2021 年 5 月第 14 次印刷

ISBN 978-7-5635-5425-6　　　　　　　　　　　　　　　定价：18.50 元

如有质量问题请与发行部联系
版权所有　侵权必究

前　言

2015年以来,"互联网+"不仅成为国内各类媒体的"热词",也已经列入国家经济社会发展的战略重点。我国已明确提出"网络强国战略",人们可以预计,在"十三五"时期,"'互联网+'行动计划"的全面实施,一定会推动互联网进一步融入经济社会发展的方方面面,在实现国家"四个全面"战略布局的过程中,发挥不可或缺的巨大作用。另一方面,"互联网+"又是一个有待深入探索和不断突破的领域。无论增量创新,还是存量转型,都不可能是一帆风顺、一蹴而就的,这里,既有对新空间、新规律的探究,也需要人们有胆识、有担当和坚持不懈的付出。

党的十九大提出乡村振兴战略是中华民族伟大复兴、实现中国梦的必然要求,是厚植中华文明根基、发展现代文明的需要,是实现城乡、区域和人的均衡发展的必要条件,是推动新型城市化、实现中国经济可持续发展的需要,是实现中国充分发展的必由之路。运用现代科学技术是实现乡村振兴的途径之一,而移动互联网在农村的应用成为了乡村振兴的重要手段。

互联网的使用使乡村不再边缘化,让农民享受到先进的科技生活服务才能促使乡村与城市更快接轨,这也能提高农民幸福指数,拉动农村经济增长。前期因为硬件设备和基础网络设施的限制,互联网并没有很好地在乡村得到普及和使用,随着移动互联网时代的到来,解决了这一根本难题,乡村也能做到随时随地上网,而且网速较以往更快,使用更便捷,这为农村这一广阔天地带来了新的机遇。

本书根据移动互联网在农村应用的具体场景,从农村移动电子商务、农村移动互联网教育、农村金融、乡村旅游等方面展开阐述,为新农人快速掌握移动互联网技术在日常生活工作中的应用提供了指导。

编　者

目 录

第一章　移动互联网基本知识 …………………………………… 1
- 第一节　移动互联网的概述 ………………………………… 1
- 第二节　移动互联网的发展进程 …………………………… 5
- 第三节　移动互联网相关技术 ……………………………… 9
- 第四节　移动互联网思维 …………………………………… 11
- 第五节　移动互联网行业发展趋势 ………………………… 14

第二章　移动互联网在农村 ……………………………………… 22
- 第一节　移动互联网在农村得以应用的社会背景 ………… 22
- 第二节　移动互联网在农村的发展现状 …………………… 25
- 第三节　移动互联网对农村的重要影响 …………………… 30
- 第四节　移动互联网在农村的发展前景 …………………… 35
- 第五节　移动互联网在农村的使用及发展策略 …………… 39

第三章　移动互联网带来的农业革命 …………………………… 41
- 第一节　互联网＋农业生产 ………………………………… 41
- 第二节　互联网＋农业监管 ………………………………… 44
- 第三节　互联网＋农技服务 ………………………………… 48
- 第四节　互联网＋农村电商 ………………………………… 50
- 第五节　互联网＋农业的实现和成效 ……………………… 51

第四章 移动互联网在农村电子商务中的应用 ················· 53

第一节 移动电子商务概述 ································· 53
第二节 移动电子商务发展趋势 ··························· 57
第三节 农村电子商务发展现状 ··························· 58
第四节 农村移动电子商务存在的问题 ····················· 60
第五节 农村移动电子商务的应用思路 ····················· 62
第六节 加快发展农村电子商务的措施 ····················· 65
第七节 农村电子商务的应用案例 ························· 67

第五章 移动互联网在农村教育中的应用 ··················· 78

第一节 移动互联网教育概述 ······························ 78
第二节 移动互联网在教育中的具体应用 ··················· 82
第三节 移动互联网在农村教育的探索 ····················· 85
第四节 移动互联网在农村教育中的应用案例 ··············· 89

第六章 移动互联网与农村金融 ··························· 93

第一节 农村互联网金融概述 ······························ 93
第二节 农村金融现状 ··································· 95
第三节 移动互联网与农村金融相结合的几种模式 ··········· 99
第四节 农村互联网金融应用案例 ························· 101

第七章 移动互联网与乡村旅游 ··························· 111

第一节 我国乡村旅游概述 ······························· 111
第二节 互联网＋乡村旅游发展模式 ······················· 117
第三节 乡村旅游的开发措施 ····························· 118
第四节 移动互联网与乡村旅游结合案例 ··················· 121

第一章 移动互联网基本知识

第一节 移动互联网的概述

1. 移动互联网的基本含义

移动互联网（Mobile Internet）是移动通信和互联网技术融合的新生物，能够为人们提供高品质的语音、数据、图像、多媒体等服务（见图1-1）。目前业界并没有就移动互联网的定义达成一致，中国工信部在《移动互联网白皮书》给出的定义比较受认可："移动互联网是以移动网络作为接入网络的互联网及服务，包括三个要素：移动终端、移动网络和应用服务。"从以上定义可知，一方面，移动互联网是用户通过手机等终端接入无线移动通信网络（2G、3G、4G及WLAN等）的方式访问互联网；另一方面，移动互联网中产生了许多新型应用，它们与终端的可移动、定位等特性相结合，为用户提供个性化的服务（见图1-2）。

移动互联网是互联网络和移动通信网络的融合。移动互联网又包括两部分，即移动和无线互联网。无线互联网就是计算机以无线方式接入互联网，而移动互联网主要基于移动设备接入互联网，称为移动这一概念，更加体现了无处不在的大众需求。

图 1-1　移动互联网抽象图

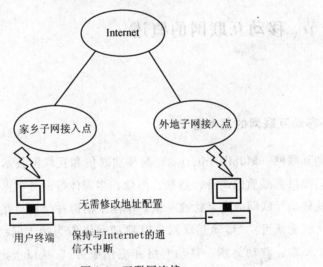

图 1-2　互联网连接

2．移动互联网的应用

移动互联网可同时提供话音、传真、数据、图像、多媒体等，是一个以全国性的、以宽带 IP 为技术核心的高品质电信服务（见图 1-3）。而新一代开放的电信基础网络，是国家信息化建设的重要组成部分。其应用包括生活中常用的资讯、沟通、娱乐，手机上网业务，WAP（Wireless Application Protocol，无线应用通讯协议）手机上网，移动电子商务，Java 技术应用等。

图 1-3 移动互联网应用的典型案例——微信

（1）手机上网业务

手机上网主要提供两种接入方式：手机＋笔记本电脑的移动互联网接入。移动电话用户使用数据套件，使笔记本电脑和手机连接后，输出接入号，笔记本电脑就会通过移动交换机的网络互联模块（IWF），连入移动互联网。

（2）WAP 手机上网

最具个人化和人性化特色的电子商务工具，WAP 将会是移动网络信息化建设的诱人的前景业务之一。

（3）移动电子商务

手机、掌上电脑、笔记本电脑等相关的移动通信设备与无线上网技术所结合而构成的电子商务体系。

（4）Java 技术应用

J2ME 是 Java 技术中一种在小型器件上应用的版本，而它能优化 Java 技术，使其专为移动电话和 PDA 这样内存有限的设备上运行的技术。在采用 J2ME 技术的手机和其他无线器件上，用户可在交互的状态下和脱机状态下下载新的服务，如个性化股票动态报价、实时气象预报和电子游戏等。目前绝大多数无线开发商都采用 J2ME 平台编写应用程序软件。可以说，在 Java 技术的帮助下，小小的无线终端设备才有可能实现诸如游戏、图形等多种信息的下载、传递。

近几年来,移动通信市场的特点是短信业务出现持续大幅度增长。而我国的移动电话短信服务在2002年元旦进入了高潮阶段,由于春节期间短信传送量骤增,导致信息台信道堵塞。到2004年,我国移动短信发送总量超过2 000亿条。据估计,全球现在每月发送的短消息将会达到150亿条。由于短消息业务具有群发优势,即对多个用户同时发送相同的信息,为部分具有广播性质的信息服务开辟了新的途径。目前,它可作为移动数据通信的主要业务,向多种信息服务领域发展。

中国移动通信公司通过"移动梦网"的实践和创新,拉动移动互联网开辟新的服务领域,提供价值更大的信息,不断壮大、发展移动互联网市场,推动通信市场走向繁荣。在中国移动、中国联通统一的号召和监管下,许多的服务提供商利用自身充分的资源优势,拓展了许多令人刮目一新的短信应用,最普遍的四种业务为:资讯、沟通、娱乐、手机个性DIY。

3. 移动互联网的特征

越来越多的人们都融入到了移动互联网的这个团体中。而移动互联网并非就是人们常说的手机上网,它的本质是互联网以自然的方式融入学习和生活中。因而具有以下特性:便捷性、个性化、智能感知等。

①便捷性:人们任何时间和任何地方,移动用户可以随时随地接入移动互联网,使用网络提供的所需的丰富的应用。

②个性化:网络、内容、终端、应用的个性化是移动互联网的个性化表现。首先,网络个性化表现为移动网络针对用户的需求,提取信息的能力以及对行为信息的精确反馈,并可与MASHUP等互联网应用技术、电子地图相结合。其次,终端个性化表现在个人与消费移动终端绑定,个性化表现能力非常强。最后,互联网应用与内容的个性化表现在采用社会化服务、聚合内容、博客、Widget(小部件)等Web 2.0技术与网络个性化和终端个性化相结合,使个性化效应得到极大释放。

③智能感知:移动互联网设备可定位自己现在所在的位置,采集附近事物及声音信息。随着社会的发展和设备的更新,感受到嗅觉、触感、温度等。

④用户选择无线上网,不等同于PC互联网。

⑤更广泛地利用触控技术进行操作。

第一章　移动互联网基本知识

⑥移动通信设备对其他数码设备的支持。

移动互联网代际分期见表1.1所示。

表1.1　移动互联网代际分期

代际	1G	2G	2.5G	3G	4G
信号	模拟	数字	数字	数字	数字
制式		GSM CDMA	GPRS	CDMA 2000 WCDMA TD-SCDMA	TD-LTE LTE
主要功能	语音	数据	窄带	带宽	广带
典型应用	通话	短信-彩信	蓝牙	多媒体	高清

第二节　移动互联网的发展进程

1. 萌芽期（2000年—2007年）

（1）技术发展

WAP应用是移动互联网应用的主要模式。该时期由于受限于移动2G网速和手机智能化程度，中国移动互联网发展处在一个简单WAP应用期。WAP应用把Internet网上HTML的信息转换成用WML描述的信息，显示在移动电话的显示屏上。由于WAP只要求移动电话和WAP代理服务器的支持，而不要求现有的移动通信网络协议做任何的改动，因而被广泛地应用于GSM、CDMA、TDMA等多种网络中。在移动互联网萌芽期，利用手机自带的支持WAP协议的浏览器访问企业WAP门户网站是当时移动互联网发展的主要形式。

（2）市场竞争

2000年12月中国移动正式推出了移动互联网业务品牌"移动梦网（Monternet)"。移动梦网催生了一大批手机网络服务商。移动梦网就像一个大超市,囊括了短信、彩信、手机上网、百宝箱(手机游戏)等各种多元化信息服务。在移动梦网技术支撑下,当时涌现出了雷霆万钧、空中网等一大批基于梦网的手机网络服务提供商,用户通过短信、彩信、手机上网等方式享受移动互联网服务。但由于移动梦网服务提供商存在业务不规范、乱收费等现象,2006年4月,国家开展了移动梦网专项治理行动,明确要求扣费必须用户确认、用户登录手机上网需要资费提示等相关规范,大批手机网络服务商因为违规运营而退出了市场。

2. 成长培育期(2008年—2011年)

(1)技术发展

3G移动网络建设掀开了中国移动互联网发展的新篇章。随着3G移动网络的部署和智能手机的出现,移动网速大幅提升,初步破解了手机上网带宽瓶颈,简单应用软件安装功能的移动智能终端使移动上网功能得到大大增强,中国移动互联网掀开了新的发展篇章。经过3G网络一年多的试点商用,2009年1月7日工业和信息化部宣布,批准中国移动、中国电信、中国联通三大电信运营商分别增加TD-SCDMA、CDMA2000、WCMDA技术制式的第三代移动通信(3G)业务经营许可,中国3G网络大规模建设正式铺开,中国移动互联网全面进入了3G时代。

(2)市场竞争

在此期间,各大互联网公司都在摸索如何抢占移动互联网入口,百度、腾讯、奇虎360等一些大型互联网公司推出手机浏览器来抢占移动互联网入口,新浪、优酷、土豆等其他一些互联网公司则是通过与手机制造商合作,在智能手机出厂的时候,就把企业服务应用如微博、视频播放器等应用预安装在手机中。

(3)商业模式

成熟的商业模式亟待规模化的应用。在此期间,尽管苹果公司智能手机成功的商业模式刺激了中国互联网产业界,但由于智能手机的发展尚处在初期阶段,使用智能手机的人还主要是高端人群阶层,特别是搭载安卓系统的移动智能终端还未大面积应用,原有的诺基亚塞班智能手机操作系统支撑的移动互联网的应用有限,以至于很多创新的移动互联网应用尽管已经上线,但并没有得到大规模发展,成熟的商业模式较少。

3. 高速成长期（2012年—2013年）

(1) 技术发展

智能手机规模化应用促进了移动互联网的快速发展，具有触摸屏功能的智能手机的大规模普及解决了传统键盘机上网的诸多不便，安卓智能手机操作系统的普遍安装和手机应用程序商店的出现极大地丰富了手机上网功能，移动互联网应用呈现了爆发式的增长。进入2012年之后，由于移动上网需求大增，安卓智能操作系统的大规模商业化应用，传统功能手机进入了一个全面升级换代期，以三星、HTC为代表的传统手机厂商，纷纷效仿苹果模式，都推出了触摸屏智能手机和手机应用商店，由于触摸屏智能手机上网浏览方便，移动应用丰富，受到市场的极大欢迎。由于手机厂商之间竞争激烈，智能手机价格快速下降，千元以下的智能手机大规模量产，推动了智能手机在中低收入人群的大规模普及应用。在此期间，诺基亚、摩托罗拉等传统手机巨头由于未能充分把握移动互联网发展机遇，未能成功打造移动智能手机产业生态圈，传统手机制造巨头迅速陨落。

(2) 市场竞争

智能手机的大规模普及应用，激发了手机的 OTT（over the top，指互联网公司越过运营商）应用，以微信为代表的手机移动应用开始呈现大规模爆发式增长（见图 1-3）。腾讯公司于 2011 年 1 月 21 日推出即时通信微信服务，截至 2013 年 10 月底，腾讯微信的用户数量已经超过了 6 亿，每日活跃用户 1 亿。除了腾讯之外，小米推出了米聊，阿里推出了来往，网易推出了易信等即时通信业务，纷纷抢占移动互联网即时通信业务，力图把控移动互联网入口。腾讯公司凭借在桌面互联网时代社交应用领域固有的优势，采用手机号码绑定社交应用等技术，实现了在移动端社交应用的快速拓展，让电信运营商等竞争对手措手不及。新浪微博在此期间，受惠于智能手机普及应用，也得到了快速发展，截至 2013 年底，用户规模已经超过 5 亿，但是后期由于微信的快速崛起，以及微博本身商业模式的原因，发展出现了迟缓现象。以至于 2014 年，新浪微博登录纳斯达克证券交易所上市的时候，外界普遍认为新浪微博错过了上市的最佳窗口期。除了利用即时通信抢占移动互联网入口之外，各大互联网公司都在推进业务向移动互联网转型。除了腾讯推出微信之外，阿里、百度等其他互联网公司也加快移动互联网转型。阿里加大了手机淘宝和手机支付宝业务推广力度，2013 年"双 11"购物节，手机淘宝的支付宝成交额同比增长 560%，单日成交笔数占比整体的 21%，同比增长420%，截至2013年底，手机支付宝用户数量超过1亿。由于微信支付的快速发展，支付宝和微信展开了移动支付争夺大战。百度也加快将搜索等业务向移动端迁移，推出了手机搜索、手机地图等各类手机应用。除此之外，新浪、网易等传统门户网站也加快了在移动端布局，纷纷加大手机端新闻APP应用推广力度。

（3）商业模式

打通渠道和锁定场景成为该时期商业模式竞争的本质。小米、乐视等互联网公司更是创新了智能手机的营销模式，推出了不靠手机硬件、靠手机服务挣钱的"智能手机＋互联网服务"新商业模式，依托高性价比的智能手机作为载体，加大公司互联网服务应用的推广力度。例如小米手机上，几乎所有预安装的服务都是小米公司自己的服务，小米手机上既有小米应用程序商店，也有小米即时通信应用米聊和小米视频服务，等等。小米这种"智能手机＋互联网服务"商业模式创新在当时获得了巨大的成功，小米公司迅速成了互联网公司中的新秀。得益于小米公司的巨大成功，雷军的互联网思维广为社会各界传颂。另外，滴滴打车、今日头条等一大批基于移动互联网应用服务创新和商业模式创新的应用在此期间大量涌现，极大地激发了投资界对移动互联网应用的投资兴趣。

4. 全面发展期（2014年—至今）

（1）技术发展

4G网络建设将中国移动互联网发展推上了快车道。随着4G网络的部署，移动上网网速得到极大提高，上网网速瓶颈限制得到基本破除，移动应用场景得到极大丰富。2013年12月4日工信部正式向中国移动、中国电信和中国联通三大运营商发放了TD-LTE 4G牌照，中国4G网络正式大规模铺开。2015年2月27日，工信部又向中国电信和中国联通发放"LTE/第四代数字蜂窝移动通信业务（FDD-LTE）"经营许可。4G网络建设让中国移动互联网发展走上了快速发展轨道，截至2016年5月底，中国4G用户已经达到5.8亿，4G用户数占移动电话总用户数比例达到44.6%。同时，根据CNNIC数据显示，截至2016年6月底，中国移动互联网用户已经达到了6.56亿。

（2）市场竞争

移动互联网成为各行各业开展业务的重要驱动，应用场景层出不穷。由于网速、上网的便捷性、手机应用等移动互联网发展的外在环境基本得到了解决，移动互联网应用开始全面发展。桌面互联网时代，门户网站是企业开展业务的标配，而移动互联网时代，手机 APP 应用企业开展业务的标配。而 4G 网络催生了许多公司利用移动互联网开展业务，特别是由于 4G 网速大大提高，促进了实时性要求较高、流量要求较大和需求较大类型的移动应用的快速发展，许多手机应用开始大力推广移动视频应用，涌现出了秒拍、快手、花椒、映客等一大批基于移动互联网的手机视频和直播应用。

（3）商业模式

通过补贴壮大用户规模是互联网公司圈地的主要模式。在此期间，阿里、腾讯等互联网公司围绕移动支付、打车应用、移动电子商务展开了激烈的争夺。为了推广移动支付，构建连接紧密的社交关系，腾讯和阿里分别于 2015 年春节和 2016 年春节花巨资利用央视春节晚会进行大规模推广。腾讯和阿里还围绕移动电子商务展开了激烈竞争，腾讯为了弥补自己电子商务发展短板，2014 年 3 月战略入股京东，并将微信作为京东移动电子商务入口。阿里更是加大了手机淘宝、手机天猫、手机支付宝的推广力度，2015 年"双 11"节期间，其中移动端交易量占据了 68％。京东、苏宁等为了推广钱包服务，采取了支付补贴的方式来吸引客户安装。滴滴打车和快的打车更是为了争夺用户开展了旷日持久的打车补贴大战，最后由于打车补贴损害了双方共同投资者的利益，在资本的干预下，两个昔日厮杀的竞争对手最后合并。滴滴和快的合并之后，滴滴出行和 Uber 之间又开始了补贴大战。

第三节 移动互联网相关技术

1. 移动互联网的基本结构

移动互联网在层次上可分为终端层、网络层、业务层。终端层包含各式各样的移动终端，网络层的主要作用是接入网络，业务层是指各种移动应用。WWRF（世界无线研究论坛）定义的移动互联网参考模型如图 1-4 所示。

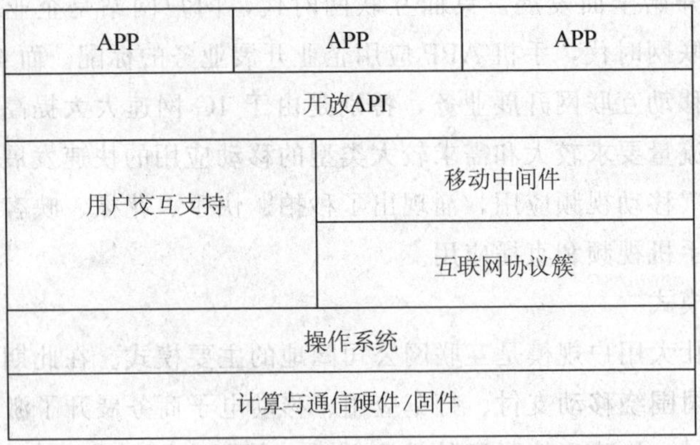

```
┌─────────────┬─────────────┬─────────────┐
│     APP     │     APP     │     APP     │
├─────────────┴─────────────┴─────────────┤
│                 开放API                  │
├───────────────────┬─────────────────────┤
│                   │      移动中间件       │
│    用户交互支持     ├─────────────────────┤
│                   │      互联网协议簇     │
├───────────────────┴─────────────────────┤
│                  操作系统                │
├─────────────────────────────────────────┤
│            计算与通信硬件/固件            │
└─────────────────────────────────────────┘
```

图 1-4 移动互联网参考模型

各种 APP 通过开放 API 获得用户交互支持或移动中间件支持,移动中间件是指运行于手机操作系统与业务系统之间的,起到连接、交互、支撑和服务的中间软件系统。其中互联网协议簇包括 IP 协议、ICMP 协议、TCP 协议、HTTP 协议、SMTP 协议等,用于实现系统之间资源的网络共享。操作系统位于系统软件和硬件资源之间,并负责它们之间的交互。硬件/固件是指组成终端和设备的器件单元。

2. 移动终端技术

移动终端技术主要包括移动终端类型、操作系统平台、人机交互技术等方面。移动互联网终端类型分为功能型终端和智能型终端两种。功能型移动终端对系统的要求比较低,通常使用嵌入式芯片及嵌入式操作系统,专注于完成某些特定的功能,如日常的无线 POS 机、物联网终端设备等。智能型终端对系统和配置的要求一般很高,它们展现的性能非常出色,第三方应用可以在其操作系统上很好地运行,智能手机、平板电脑、笔记本电脑等都属于智能型终端。目前最常见的移动操作系统有苹果公司 IOS 系统、Google 的 Android 系统、微软公司 WP 系统和 RIM 的 BlackBerry OS 等,以上各种操作系统都提供了很好的应用扩展性,但运行于不同操作系统上的应用软件是互不兼容的,因此一个优秀的应用软件必须解决跨平台运行的问题。人机交互技术(HCIT)是指通过计算机输入、输出设备,以有效的方式实现人与计算机对话的技术。最常见的人机交互技术有智能手机和 PAD 上使用的触屏技术、语音识别技术以及研究中的增强现实技术和脑波读取技术等,它们极大地简化了原本烦琐的人机交互操作过程,使我们可以方便地完成与移动终端的信息交互。

3. 移动应用开发模式

移动终端的应用开发主要包括原生应用开发、Web应用开发、混合应用开发三种模式。

①原生应用开发——开发者需要根据不同终端搭载的操作系统，使用其支持的程序语言进行应用的开发，如 IOS 支持的 Object－C 语言、Android 支持的 Java 语言、WP 支持的 C♯ 语言。该开发模式的最大优点是可以开发出高性能、稳定的移动应用。

②Web 应用开发——是基于移动终端的浏览器，使用 HTML、CSS、JavaScript 等网页语言进行应用的开发。Web 应用开发模式拥有成本低、周期短、适配跨平台等特点，它的缺点是无法调用系统的通讯录、振动器、摄像头等硬件设备，不适合功能复杂、高性能的应用开发。

③混合应用开发——是对原生开发模式和 Web 开发模式的结合，继承了原生开发稳定、高性能的特性，又继承了 Web 开发简单、跨平台的特性。混合应用开发通常是基于第三方跨平台移动应用框架进行，常用的框架有 PhoneGap、AppCan、Titaninum 等，借助它们开发者可以高效、快速完成高性能应用的开发。

第四节 移动互联网思维

移动互联网思维是一种多维网络状的生态思维（见图 1-5）。这种生态思维，以节点彼此连接，形成大小不同的生态圈。不同生态圈之间也彼此连接形成更大的生态圈。更大生态圈再彼此连接，形成更大更大的生态圈或系统。以此类推，没有终极。

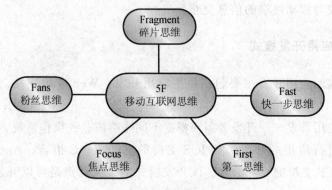

图 1-5　移动互联网思维

1. 移动互联网思维的要素

①连接——连接包括两个层面。第一层面：节点之间是彼此连接的，连接的节点形成圈子；第二层面：圈子与圈子之间也彼此连接，形成更大的圈子或系统。

②圈子——圈子也有两层含义。圈子本身是通过节点彼此连接形成的，圈子有大有小；无论圈子大小，都是可以在内部良性循环的生态圈。

2. 移动互联网思维的特性

①去中心化——是指所有的节点、在生态圈中都是平等的，没有上下、高低、左右、前后、轻重之分。当众多节点一起连接到某一个节点时，这个节点就成为节点簇，也是一个临时中心。当众多节点断开与这个节点的连接时，这个节点又成为普通节点。因此，去中心化不是不要中心，而是中心离开了节点就无法存在，而不是节点离开了中心无法存在。去中心化不仅仅体现在节点层面，也同样体现在圈子层面。

②伙伴经济——是指所有的节点、圈子在这个生态系统中都是伙伴，而不是敌人。是一种互亲、互爱、互惠、互利的关系，而不是竞争、斗争、战争的关系。自然界最稳定的森林植被群落中，各类生物之间的关系，就是一种典型的伙伴经济关系。

3. 移动互联网思维的分类

①专业极致思维——移动互联网是一张平行的大网，颠覆了信息不对称理论。按照专业极致的标准，不断创新形式、深挖内涵，提供真正的令人满意的"产品体验"。

②小众差异思维——移动互联网条件下，蓬勃发展的"圈子"重新定义了人群，个性化的新闻推送、朋友圈的内容转发已成重要信息渠道。应按照分类指导原则，针对不同人群采取不同策略，推出"小而美""小众化"的产品形式和内容。

③"大咖""粉丝"思维——"得'粉丝'者得天下"，要赢得市场，既要拼产品质量，还要拼情感营销和"粉丝"黏度。

④零星碎片思维——随着经济社会的发展、移动互联网的兴起，人们接触信息变得"短平快""碎片化"。朗宋传媒认为要在充分用好常规营销阵地和平台的基础上，借助各种媒体手段，见缝插针式地有效推送内容，起到润物无声、潜移默化的作用。

4. 移动互联网思维的作用

移动互联网思维是一种进化思维，对我们人生的各个方面，从个人到家庭，到企业到国家、社会，都具有重大的指导作用。为了便于读者真正理解移动互联网思维。下面着重阐述一下，移动互联网思维在商业模式设计上的指导作用。

按照移动互联网思维设计的商业模式，首先，它必须要让自己的终端用户（消费者）彼此之间形成连接，其目的是让连接强度更大，连接数量更多。通过这种连接，终端用户彼此之间就形成了一个圈子；其次，自己的这个圈子必须与其他圈子又彼此产生连接，这种连接在符合生态规律的前提下，能够进一步强化自己圈子的连接强度，增加连接数量，这种圈子的彼此连接又能形成更大的圈子；最后，更大的圈子与其他更大的圈子彼此连接，形成地区级、全国级，甚至全球级的更大圈子。这里面，圈子内的连接是良性循环的，是互利互惠的，圈子与圈子的连接也是互利互惠的，否则，就无法产生连接。

我们以一个手机生产企业的商业模式为例，在移动互联网思维指导下，它的商业模式大体是这样呈现的（姑且命名这个手机品牌为"路雅"）。

首先，"路雅"将通过移动互联网工具，将所有的粉丝和用户连接起来。大家为什么愿意连接呢？因为彼此之间能更好地交流信息、反馈意见。怎样才能让连接强度更大呢？产品的质量越好、性价比越高，用户的忠诚度越高，连接强度就越大。这是最基本层面，如果"路雅"这家企业有很好的企业文化，这种文化对用户就有强烈的吸引力，那么，连接强度就更高了。连接数量的扩充道理也一样，用户体验越好，用户分享越多，用户的数量也就越多。同样，企业的文化强大，用户分享就会产生更大的影响力，新用户的数量也会进一步增长。这样，这个圈子可以不做广告、不做推广，单凭用户口碑，就能让用户连接不断强化、不断扩大，这就是一个良性循环。这个手机圈子就是一个良性循环的生态圈。

其次，"路雅"这个手机用户生态圈形成后，还应该与其他生态圈进一步发生连接。例如，周围还有服装圈、家电圈、教育圈、医疗圈、文化圈等各种圈子。假设"路雅"手机圈又与教育圈中的英国留学圈发生了连接，既然英国留学圈能形成这样的规模，其用户体验无疑也应该很棒。那么，手机圈中有英国留学需求的人，就会方便地享受到英国留学圈带给自己的良好用户体验，或许会成为英国留学圈的新用户。由此产生的消费利益，手机圈与留学圈按照事先制定的利益分配机制彼此分享。同理，英国留学圈中有购买手机需求的伙伴，也能进一步了解手机圈中对这款手机的详细评价，可能也会产生新的手机消费行为。其产生的利益，同样可以大家分享。

最后，"路雅"手机圈、留学圈、电视圈构成的大生态圈，又可以进一步与其他地区和国家的大生态圈彼此连接，形成更大的生态圈，实际也是更大的利益共同体、伙伴经济共同体。这就是移动互联网思维指导下，商业模式设计的根本价值所在。

第五节 移动互联网行业发展趋势

1. 移动互联网产业呈现快速增长，整体规模将实现跃升

全球52亿移动用户中目前仅有30％的智能手机使用率，剩余70％的广阔市场有待挖掘；中国移动互联网用户数目前已达到了中国互联网用户数的80%，中国无疑将主导移动商务的革命。工信部公布的相关数据也证明了这一点，截至2017年7月，中国的移动互联网用户数已经达到8.72亿，这一数字远超于之前预测的7.1亿，而这一数字中手机网民贡献了5.27亿。

移动互联网正在成为我国主动适应经济新常态、推动经济发展提质增效升级的新驱动力。移动互联网行业以创新驱动变革，以生产要素综合利用和经济主体高效协同实现内生式增长，发展势头强劲（见图1-6）。我国移动互联网市场规模迎来高峰发展期，总体规模超过1万亿元，移动购物、移动游戏、移动广告、移动支付等细分领域都获得较快增长。其中，移动购物成为拉动市场增长的主要驱动力。受市场期待和政策红利的双重驱动，移动购物、移动搜索、移动支付、移动医疗、车网互联、产业互联网等领域的蓝海价值正在显现。未来，移动互联网经济整体规模将持续走高，移动互联网平台服务、信息服务等领域不断涌现的业态创新将推动移动互联网产业走向应用和服务深化发展阶段。创新演进正在拓宽企业的组织边界，推动移动互联网应用服务向企业级消费延伸。传统制造企业正在积极拥抱移动互联网，深化移动互联网在企业各环节的应用，着力推动企业互联网化转型升级。面向传统产业服务的互联网新兴业态将不断涌现。新兴信息网络技术已经渗透和扩散到生产性服务业的各个环节，重构传统企业的移动端业务模式，催生出各种基于产业发展的服务新业态，加快对医疗、教育、旅游、交

图1-6 移动互联网迎来新的发展窗口

通、传媒、金融等领域的业务改造。移动互联网发展不断引领传统生产方式变革，产业互联网开启新征程。移动互联网利用智能化手段，将线上线下紧密结合，实现信息交互、网络协同，有效改善和整合企业的研发设计、生产控制、供应链管理等环节，加快生产流程创新与突破，推动企业生产向个性化、网络化和柔性化制造模式转变，推动了产业互联网的智能化、协同化、互动化变革，实现了大规模工业生产过程、产品和用户的数据感知、交互和分析，以及企业在资源配给、研发、制造、物流等环节的实时化、协同化、虚拟化。

2. 移动互联网应用创新和商业模式创新交相辉映

随着移动互联网的崛起，一批新型的有别于传统行业的新生企业开始成长并壮大，也给整个市场带来了全新的概念与发展模式（见图1-7），打破了固有的市场格局。互联网思维受到热捧，各行各业开始了在移动互联网领域的各种"创新""突破"之举，以求实现真正的突破。在传统工业经济向互联网经济转型过程中，旧有的社会经济规律、行业市场格局、企业经营模式等不断被改写，不可思议地叠加出新的格局。在制造业领域，工业智能化、网络化成为热点；在服务业领域，个性化成为新的方向；在农业领域，出现"新农人"现象。

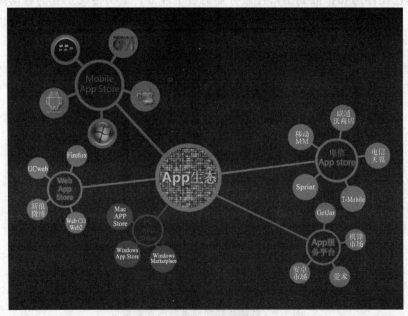

图1-7　移动互联网商业模式

3. 移动互联网正在催生出新的业态、新的经济增长点、新的产业

当前企业越来越重视引入移动互联网用户思维,挖掘市场长尾需求,后向指导生产,探索企业增值新空间。移动支付、可穿戴设备、移动视频、滴滴专车、人人快递等新的应用创新和商业模式创新不断涌现,引发传统行业生态的深刻变革。从零售、餐饮、家政、金融、医疗健康,到电信、教育、农业,移动互联网在各行业跑马圈地,改变着原有行业的运行方式和盈利模式。移动互联网利用碎片化的时间,为用户提供"指尖上"的服务,促成了用户与企业的频繁交互,实现了用户需求与产品的高度契合,继而加大了用户对应用服务的深度依赖,构建形成"需求—应用—服务—更多服务—拉动更大需求"的良性循环。随着企业"以用户定产品"意识的提升、移动互联网用户黏性的增强和参与热情的高涨,未来,移动互联网应用创新和商业模式创新将持续火热,加速推动各行各业进入全民创造时代(见图 1-8)。

图 1-8 移动互联网新业态

4. 移动互联网技术：开源与多样化（见图1-9）

技术是支撑移动互联网持续发展的根基。同时移动互联网的迅猛发展也推进其中所涉及网络接入、应用开发、操作系统等方面做出相应的改进与更新。在使用移动互联网时，大多数用户都更青睐通过Wi-Fi来接入网络，所以新的Wi-Fi标准，以及更多的基础设施的需求将持续增长。在操作系统方面，安卓的成功意味着开源这种方式的成功，并且在很大程度上促进了移动互联网的技术多样化，以及适应各种需求的健康生态模式的建立。在应用的开发上面，适用于多平台多架构以及有很好的稳定性以及生产效率高的开发工具将成为主流。

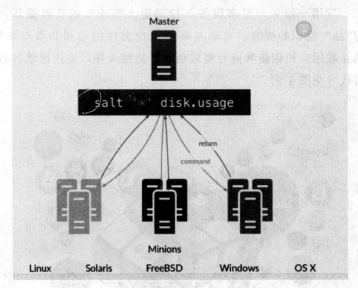

图1-9 开源与多样化

5. 移动互联网带来教育行业大变革

如今，几乎每个人的智能手机里都会装上一两个学习型的APP，无论是背单词的还是学习专业知识的。通过移动设备下载课程来进行学习的人也越来越多，在线教育的平台类型也在逐渐丰富。移动互联网的发展给"教育"这一古老并且决定未来的领域提供了新的发展契机（见图1-10）。

图 1-10　移动互联网教育场景

6. 社交进入视频时代

Facebook、Twitter 等在 2013 年就推出了视频分享功能，微信也推出了包含小视频分享功能的新版本，从分享文字、图片再到文件、视频、声音，通过移动互联网可以让你的朋友、家人更直观地了解到你身边所发生的一切，正是因为移动互联网的存在，社交在某种程度上越来越真实化了（见图 1-11）。

图 1-11　视频社交平台

7. 随时随地的移动电子商务（见图1-12）

说到电子商务就必须提到"双11"这一现象级节日，天猫每年"双11"的交易总额都达到上千亿元，超过200个国家参与此购物节，其中移动端的交易额约为四五百亿元，约占总体交易额的一半。天猫作为具有中国电商行业代表性的电子商务平台，这一数据十分具有说服力。

图1-12　随时随地的移动电子商务

8. 网络安全伴随发展始终

在移动互联网的高速发展下，移动互联网用户数猛增，移动设备存储了大量的数据，安全隐患逐渐暴露出来（见图1-13）。

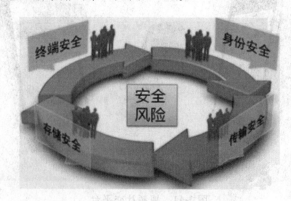

图1-13　网络风险

移动互联网的确实实在在地便利着我们的生活，但频发的安全事故造成的负面影响还是巨大的，这使得乐意尝鲜的用户望而却步，令信赖产品的老用户寒心，所以不管是未来一年或者未来5年甚至更久，网络安全的保障都将会与互联网的发展如影随形。

第二章　移动互联网在农村

第一节　移动互联网在农村得以应用的社会背景

1999年世界上第一部由摩托罗拉生产的智能手机A6188的问世标志着移动互联网时代的到来。移动互联网作为一种先进的通信技术，从1999年起便跨世纪地跨入中国城市。近些年来，随着信息技术水平的不断发展，3G网络和4G网络逐渐普及，以及智能手机价格的下降，移动网络慢慢开始覆盖到农村。

根据2010年我国人口普查主要数据公报，我国城镇居民和农村居民占比分别为49.68%和50.32%。而据新华日报报道，截至2014年12月，农村网民数达1.78亿，在我国网民中占比达27.5%。从数据可以看出，我国农村网民占农村人口的比例达到城镇网民占城镇人口的一半左右，覆盖率有所提高。2014年谷歌公布的数据中表明，我国城市是全球五大智能手机普及率最高的地区之一。然而，根据TomiAhonen咨询公司2014年研究数据显示，在其调查的42个国家和地区中，我国智能手机普及率排名倒数第三。换而言之，我国农村移动互联网市场依然有很大发展空间。

互联网逐步在农村普及，得益于基站等基础设施的建设以及智能手机从原来的千元机到现在的百元机的转变。

由于城镇化发展,我国大量农村年轻劳动力涌入城镇,目前农村中的主要人口为留守老人、妇女以及儿童,他们构成了农村网民的主要群体。看新闻和玩游戏是农村网民的主要消遣方式,相对于城镇网民而言,他们仅仅把手机作为娱乐工具,而不是一种多功能的应用平台。在城市,通过网络进行订机票、打的士、网购、团购和理财等生活服务已经极为普遍。然而由于乡村自身基础服务的限制,使得乡村网民想用也用不到这些服务,这也使得农村网民对互联网的依赖程度明显低于城镇网民。然而,年轻人在大城市里习惯了互联网的生活,每逢过节或一定年龄返乡工作创业时,他们也离不开互联网,这使得他们成为农村网络的强烈需求者。换而言之,开发农村的生活、学习、生产、商业的应用程序十分必要(见图2-1)。

图 2-1 网络销售农家蔬菜

2014年城镇地区互联网普及率超过农村地区34个百分点,换而言之,农村网络有很大的发展潜力,然而也有很多问题需要解决。

第一,是村民们对网络的接受问题。村民的知识水平普遍偏低,网络作为一项新的通讯服务技术有着太多的功能,对人们的学习能力提出挑战,也对互联网在农村中的发展造成很大麻烦。云南大学新闻学院副教授曹云雯说,"农村地区居民社交面相对比较窄,交往圈可能就在村镇,根本不需要网络联络;不少留守农村的居民受教育程度不高,也没人教他们使用智能手机"。现在很多乡村人口大部分都是老人和幼儿,由于文化程度低,学智能手机很费劲,怕乱按导致收费,同时,网络安全问题也层出不穷。总而言之,学习成本、网络可有可无性以及安全意识都使得村民对于网络有着一种排斥态度。

第二，农村网络信号强度明显比城镇信号强度差，不少网民上网极其不便，尤其是在大山里的人们，只有山顶上的信号才好，网络信号强度制约了农村网络的发展。

第三，智能手机价格以及网费的影响。智能手机价格虽然不断下降，然而一部用得顺手的手机依旧要上千元。同时中国由于在通信网络发展的政府支持力度远不如国外一些国家，网费价格一直较高，对于收入偏低的仅把移动网络当作闲时消遣的农民而言，网费也是一笔不小的开支。

互联网的使用让乡村不再边缘化，让农民享受到先进的科技生活服务才能让乡村与城市更快接轨，这也能提高农民幸福指数，拉动农村经济增长，所以乡村社会的网络覆盖是大势所趋（见图2-2）。政府部门应加强以下几点：①抓好基层设备建设，让网络信号全面强势覆盖，加强农村的网络使用教学以及安全宣传教育工作，让农民学习使用网络，主动接受网络。②加大农村基础服务设施建设，让农民把移动网络当成一种多元服务平台而不是简单的娱乐机器，如加强农村物流建设，让物流能深入到乡村各个位置，打破网购在偏远乡村遇到的物流瓶颈。只有加大对网络建设的力度才能够让乡村社会的网络像城镇社会的网络那样发展。

图2-2 农村移动互联网大有作为

第二节 移动互联网在农村的发展现状

1. 农村网络基础

现在部分农村地区上网还不太方便。调查中"上网的地点"最多的为农村网吧。与城镇居民多在家中上网相比,农村网民因收入限制,多数不具备家庭上网设备,这使得网吧成为农村网民上网的主要途径。CNNIC 的调查显示,农村网民在网吧上网的比例达到 48.5%,接近半数。不容忽视的问题是,农村网吧的管理存在漏洞,不少地方对于禁止未成年人进入网吧的规定没有严格执行。而某些非法网站的监管不严,也使得许多不了解网络的非网民对网络没有正确的认识,阻碍了网络的发展。另外,农村的网吧,大多相关营业手续不齐全,只是个人在家中放上几台电脑用于上网,设施、条件较差。

2. 农村网民规模

收入不高者、年轻男性、初高中学历居民为农村网民的主要人群。上网需要一定的计算机基础知识,而我国农村人口学历大多低于大专水平。CNNIC2008年的调查显示,53.3%的不上网的农村居民是因为不懂电脑或者网络而不上网。目前,许多农村中学都开设计算机课,这使得许多农村在校中学生和受过初高中教育的农村居民都具备了上网的能力,从而成为农村网民的主要人群。与此同时,在校学生在网民总数中的比重较高,这也造成了农村网民呈现收入不高的特点。

3. 农村互联网应用情况

农村网民上网目的以娱乐为主。传播就其社会功能而言,有工具性传播和消遣性传播两大类。农村网民在互联网的使用上,主要体现了网络新媒体的消遣性传播功能。与城镇网民相比较,农村网民更少浏览网络新闻、使用搜索引擎。能利用网络进行购物、炒股、银行账户管理的农村网民更是为数不多。许多网民将网络作为聊天和玩乐的工具，娱乐化倾向比较突出。而上网娱乐的项目主要集中在"聊天"、"收看影视节目"、"听音乐"和"网络游戏"上。调查显示，与他人网上交流聊天的工具主要是通过 QQ 和微信。

4. 农村互联网使用情况

农村地区互联网使用各地发展不平衡。农村地区互联网使用出现不平衡现象，经济较发达的地区农村发展稍快，而经济欠发达的地区农村发展偏慢。另外，我国农村一些地区存在重男轻女的现象，女性的受教育权利受到剥夺或者限制，从而影响了她们使用媒体的能力。总体上看，农村网民中女性的数量远少于男性。

（1）如何实现由"普及率提升"向"使用程度加深"转换

移动网络和手机的普及，从技术上使乡村不再边缘。但农村网民数量的迅猛增长并不能掩饰城乡横向差距的扩大，提供更深层更多元的互联网应用和服务，激发农民的网络需求，或是正解。

中国互联网络信息中心发布第 35 次《中国互联网络发展状况统计报告》，农村互联网使用状况再次引起社会关注。数据显示，截至 2014 年底，农村网民规模达 1.78 亿，较 2013 年底增加 188 万人。随着农村互联网普及率的提高，互联网在农村网民生产、生活、娱乐中的重要性正在逐步显现。但是，农村网民对互联网依赖的程度仍然明显低于城镇网民。

报告指出，对于农村网民而言，互联网尚未从单纯的娱乐工具转变为可提供多元服务的应用平台。将来除了要继续缩小城乡互联网接入的数字鸿沟外，更要重视城乡网民在互联网应用方面的差距。

（2）数字鸿沟有多大

农村网民迅猛增长，但仍不及城市新增网民数量的 1/10。而更大的差异在于，当城市人已经习惯了用手机购物、买机票、预约出租车时，绝大多数农村网民使用手机依然停留在打游戏、看新闻的阶段。

云南昆明市富民县的农民李大爷最近到医院检查，发现因为每天低头看手机时间太长患上了颈椎病。"以前看电视时还好，现在花在手机上的时间比原来看电视还多。"更令李大爷烦恼的是，小孙子对手机也爱不释手，"孩子一旦拿到手机就打游戏，视力都下降了。"

即便在大山深处,不少接触过网络的孩子仍会寻找机会上网。大三学生苏瑶告诉记者,在她支教的小乡村里,一个叫满莉的小女孩每天下午都会爬上山头玩手机,"因为山上信号比较强,她可以用手机联网。"

如今,农村和中西部地区的移动互联网普及率迅速提高,成为我国互联网迅猛发展的巨大动力。在云南,即使是刚刚打通隧道、告别大雪封山的独龙江乡也已经实现了移动 4G 网络覆盖。随着信息技术水平的不断提高,3G 和 4G 网络逐渐普及,智能手机价格不断下降,使用移动终端访问互联网的用户正逐渐增多。移动网络和手机的普及,确实帮助了广大农村、边疆地区的民众与现代信息社会无缝对接,从技术上让乡村不再边缘。

"因为离家很远,不少农村的同学都购置了手机。"家住云南腾冲的李菁菁告诉记者,在高中时便有不少农村的同学使用手机上网。"使用手机上网主要是为了能够登录 QQ 和同学聊天,也有不少同学会直接使用手机打游戏。"

然而,农村网民数量的迅猛增长并不能掩盖城乡横向差距的扩大。中国互联网络信息中心报告显示,截至 2014 年 12 月,我国网民中农村网民占比 27.5%,规模达 1.78 亿,较 2013 年底增加 188 万人,这一数字还不及城市新增网民 2 929 万人的 1/10。

数据显示,47.9%的农村网民认为自己比较或者非常依赖互联网。与之相比,55.1%的城镇网民认为自己比较或者非常依赖互联网,高出农村地区 7.2 个百分点。同时,尽管农村地区网民规模、互联网普及率不断增长,但是城乡互联网普及率差异仍有扩大趋势,2014 年城镇地区互联网普及率超过农村地区 34 个百分点。

实际上,城乡数字鸿沟的表现并不仅仅体现在网民数量的增长上,当城市人已经习惯了用手机购物、购买机票、预约出租车时,绝大多数农村网民使用手机依然停留在打打游戏、看看新闻的阶段。

"对农村来说,主要是接入设备的问题,手机已经扮演了一个重要的角色,尤其是手机资费和手机上网费用的下调,硬件和网络的完善促进了农村地区网民较高的增长。未来,应该有更多贴近网民的应用和服务出现",中国互联网络信息中心相关负责人说。

(3) 数字鸿沟缘何出现

农村居民缺少使用互联网的需求,受教育程度不高等因素制约着网络应用的升级,是城乡数字鸿沟存在的现实因素;而地区经济发展不平衡,则是造成这一现象的深层原因。

"我就用手机上网看看新闻,打打游戏,我又不坐飞机、不用网上买东西,会这些干啥?"这句话道出了农村网民更多地将网络当作娱乐工具的现实原因,也就是缺少使用互联网的需求。另一个现实是,留在乡村的老年人、留守妇女等群体,大多文化程度较低,使用电脑或手机等智能产品觉得吃力。"那么多按键,会不会一碰就要扣费了?"一位乡村老人问记者。因为不了解,部分老人甚至会拒绝使用免费智能手机。中国互联网络信息中心报告显示,因为不懂电脑网络不上网的非网民比例为61.3%。

云南大学新闻学院副教授曹云雯说,"农村地区居民社交面相对比较窄,交往圈可能就在村镇,根本不需要网络联络;不少留守农村的居民受教育程度不高,也没人教他们使用智能手机"。

此外,相比网络舆论正日益成为舆情的主要发酵地,由农村网民原创首发并产生一定影响的帖子或评论少得可怜。李菁菁告诉记者,虽然也有身边人愿意对社会事务发表评论,但自己却很少发表长篇大论。"主要就是说个'好''赞'之类,怕说多了说错话。"相比城市居民,大多数农村网民很少上网发表评论,网络舆论的话题也很少由他们发起。

在少数农村地区,手机至今仍是身份地位的象征。"要买能上网的手机,也不便宜,上千块钱呢,很多人不愿意花这么多钱去买手机。"一位在广东佛山打工的川籍人员说,过年要回家了,本想换个手机,掂量了半天还是算了。

来自中国互联网络信息中心的报告指出,造成城乡数字鸿沟的原因,部分在于城镇化进程一定程度上掩盖了农村互联网普及推进工作的成果,根本原因则是地区经济发展不平衡。在整体网民规模增幅逐年收窄、城市化率稳步提高的背景下,农村非网民的转化难度也随之加大,未来需要进一步的政策和市场激励,推动农村网民规模增长。

有专家指出,在广大农村这个相对空白的市场,电信运营商、终端制造商等产业链各个环节还有很大的空间需要挖掘。对手机软件商来说,适应农村的生活、学习、生产、商业的应用程序也无疑尚待开发。农村互联网的发展思路或许应该从"普及率提升"向"使用程度加深"转换。

(4) 如何填平数字鸿沟

妥善解决城乡数字鸿沟的方法仍然需要进一步探索创新。除了完善硬件设施,也要为农村网民提供了解和熟悉网络的必要引导,政务机构和主流媒体应当有更积极的作为

"我们不能将希望寄托在网络改变城乡差距上,而应该让社会发展、城乡差

距缩小带动农村网络普及。"曹云雯说。

实际上,对大多数七八十岁的农村老人来说,会不会使用网络对生活的影响非常有限,让每个人都会使用网络没有什么必要,而随着年轻人的成长,绝大多数农民"触网",只是时间问题。

"农村的信号比城市信号差不少。"不少回到家乡的务工人员告诉记者,从他们自身体验来看,还是城区的信号要强一些,有时候在村中半天也打不开网页。加强农村基站等基础设施建设虽然迫切性不如城区,但不能因为单纯经济上的因素就让乡村成为被网络遗忘的角落。

随着物流的发展,广大农村通过网络购物的人越来越多,这一点,东部发达地区的"淘宝村"体现得尤为明显。这样的浪潮也在向中西部地区推进。

"我们的公益活动日常经费主要就是网上出售当地特产换来的,当地群众会上网的人不多,我就拍了照片传到网上,宣传当地的土特产,也呼吁更多的人关注我们马吉米村。"云南省福贡县委宣传部副部长张晓东长期致力于马吉米村扶贫工作,他认为,在当地居民不容易接受网络的情况下,外来干部可以借助网络发挥更大的作用。引导、扶持他们逐步熟悉网络,掌握互联网时代的一些基本应用。

电子商务改变着中国农民的消费方式,互联网正在成为农村新的经济增长点,已经成为业内外的共识。随着农村互联网的普及,移动终端走进了农村市场,移动互联和传统电商在改变农村商业模式的同时,也改变了农村经济社会的发展。

"互联网的发展将为探索农村管理新模式提供新的思路",中国社科院信息化研究中心秘书长姜奇平说。而政务机构面对各类用户尤其是农村网民的需求时,也在努力掌握更多技巧。清华大学新闻与传播学院副院长陈昌凤教授分析:"用户的信息需求在变化,更乐于看到媒体来解读信息。政务机构和主流媒体应面对这种变化,用大家都能读懂的语言去解读,而不是简单地发布信息。"对于农村网民来说,政务公号需要做的显然还有很多。

实际上,不少地区政府部门已经开始采用更容易被普通群众尤其是农村网民接受的方式,开展舆论引导、办理网上政务。

昆明市五华区公安分局政工室副主任冯云辉告诉记者,为适应农村居民微信用户越来越多的形势,五华区公安分局的微信公共账号已经上线。"将更加强调用讲故事的方式介绍公安工作和民警的日常生活。"

来自腾讯公司的统计数据表明,目前公安政务微信已经能够覆盖区县级公安

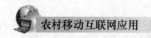

分局、基层派出所和公安派驻警务室，以满足农村居民的用网习惯与需求。

曲靖市政府新闻办网宣科科长周蜀涓介绍，2009年曲靖市在云南省16个州市中率先开通"微博曲靖"，卷入"移动潮"至今已满五年。去年7月初，针对不少网民尤其是农村网民只使用微信的情况，曲靖市的政务微信公众号——"微曲靖"也正式开通。"随着曲靖党政客户端功能的进一步开发，更多政务将可以通过移动终端实现。"

"农村群众想咨询问题，有时要跑三五趟，有委屈还没处说理。现在通过手机上网就可以完成咨询，还可以直接在微信上给政府公众号反映问题，回应不及时还可以发微博宣泄，不仅提高了办事效率，更平复了群众情绪"，周蜀涓说。

"智能手机的普及，使得广大农村和西部地区的民众得以一步跨入现代信息社会，对于中国互联网和移动舆论场都是极具意义的事情。这不仅事关'数字鸿沟'，由此还将带来我国农村和西部经济社会文化的重大发展。"时任国家网信办副主任彭波表示，政府做了长期的努力，移动互联网将带给广大农村和农民更多的可能。

第三节　移动互联网对农村的重要影响

我国农村人口众多，传播媒介相对欠缺，这使得移动互联网在农村有较大的发展空间。发展农村移动互联网意义巨大而深远。

用现代信息通信技术帮助农村人口提高生活水平，促进农村地区尽快改变贫穷落后面貌，推动人类社会均衡和谐发展。这对于我国这样一个农村人口超过一半的发展中国家来说，具有很强的现实意义。

随着3G、4G技术和应用以及移动互联网的不断成熟，我国农村信息化的发展面临重大机遇。由于存在人均年收入较低、消费支付能力有限、互联网接通率和PC普及率相对较低的现实情况，手机已逐渐成为农村网民上网的主要终端。新生代农村群体对移动互联网具有较大的需求，主要表现在新生代农村群体接受新事物能力较强，他们中很多人已通过手机实现信息化发展阶段的跨越，直接步入移动互联网时代。此外，进城务工人员由于流动性大，对移动互联网具有较大的需求，他们的返乡以及与农村地区日常的广泛交流，也将助推我国农村移动互联网的发展。随着 3G、4G 在国内规模化商用推进，以及手机普及率的进一步提高，移动互联网将带动农村信息化应用升级。实现以信息化推进农业现代化，加快社会主义新农村建设，让农村人口能够享有更加美好的信息通信生活！

1. 移动互联网满足了农民的需求

据资料显示现在农民最主要的信息来源渠道首先是电视，网络居于第四位。但随着农村互联网的不断发展和普及，这一比例还将不断提高，网络对农民接受各类信息增加了一条新的渠道。开拓了村民的眼界，使村民不再局限于一村一镇一县，将眼光放大到全国各地甚至放大到全世界。从而使农村居民既快又准地获取信息，提高了传播的效率。同时，农村居民也可以通过网络自由发布信息，让更多的农村资源进入投资者的视野，进一步发展农村经济。

2. 移动互联网对农村经济的促进作用显著

农村居民通过互联网可以学到更多的科学文化知识，提高农民科学文化素质，开阔眼界，学习现代化思想观念。头脑中有了现代化的思想意识和科学技术知识，手上掌握了现代网络信息技术，封闭的农民才能变为开放的农民，传统农民才能变为现代网络农民。增加了农民的生产经营的知识，为他们致富拓宽了门路。有的农民从网络上了解关于农业生产方面的技术和知识，网络成为自己生产中的顾问和指导，为自己在农业生产方面带来了好处。在对农业生产、农副产品加工与销售等相关的调查中，有 89% 的农民认为互联网的使用与增加收入关系密切；农村非农产业的相关被调查者中，有 97.9% 的人认为互联网的使用与增加收入关系密切。

3. 移动互联网促进了农民由传统知识向现代知识的转变

互联网的海量信息为农民的科技知识培训提供了良好的平台，促进了农业科学技术在生产中的运用。调查结果显示，农民的大部分收入来源于"纯农业收入"、"农副产品"和"个体经营"，这三项占全部收入的 64.1%。而且很多农民认为"互联网上与其收入有关的内容"主要是供求信息、天气预报和技术指导，三者加在一起占 78.5%。

4. 移动互联网带来不可估量的社会效应

互联网不仅为农民带来了娱乐和交流的工具，丰富了他们的生活，而且改善了农民缺少娱乐的状况，丰富了其业余生活。促进了农村精神文明和物质文明全面发展，使农民更换着新的经营方式和生活方式，使农民逐渐成为新经济时代的网络农民。互联网不仅本身作为一种娱乐工具改变了农民以往的休闲方式，而且其大量反映现代休闲娱乐方式的宣传内容也对农民产生重要的影响，引导农民的生活方式逐渐向现代转变。

随着宽带网的发展，中国农业地区信息传输和接受的成本会越来越低，互联网的使用也将越来越广泛，这将进一步改变农民的生产经营方式和生活方式，推动社会进步。

5. 移动互联网促进企业的乡村探索

2008 年，腾讯员工陈圆圆以志愿者的身份参与了公司的公益项目，试图为家乡贫困地区的一所农村小学筹集钱款，建座教学楼。项目执行中，当地政府提出想把建楼资金挪给其他学校用，协商未果，项目失败。

第一次操作公益项目，陈圆圆领悟了一个道理：做好事，不是你想做就能做成。企业公益行为涉及很多环节，受制于各种不可控因素，想做好绝不简单。这次不成功的经历，也让她深度参与项目，进而由业务部门调入腾讯基金会，成为一名公益项目的职业经理人，从此研究起如何用互联网助推乡村发展。

"早几年我们没有用上互联网企业的核心能力"，这是几年之后，她在总结所做公益项目时常发出的感叹。腾讯早期在农村做公益的方式大都是捐助学校，能体现出这是一个互联网公司的，大概只是在捐建宿舍、教学楼之外，还捐助计算机和多媒体教室。

一个互联网巨头，只能用这种方式做公益吗？为寻找"互联网＋农村"的新公益模式，2009 年，腾讯基金会发起"筑梦新乡村"项目，计划在 5 年内投入 5 000 万公益资金，定点云贵两县一州进行探索。这次，除了捐钱，他们还把优秀员工派去贫困乡村挂职，提供扶贫智力支持，又跟地方政府合作办各种活动，网上海选艺术节节目、网上票选荣誉村民……

"活动都很成功，也算用上了互联网，但结束就结束了，没法持续发展。"陈圆圆说。"2011 年我们整个新乡村项目都陷入瓶颈，挂职干部们带回来的项目虽好，但也还是传统捐赠型的公益项目，几年下来，几千万元捐出去了，我们始终没用上自己的核心能力去帮助农村发展。"

在基金会考虑是否还需要继续这一项目时，2011年7月，陈圆圆辞去企业社会责任总监的职务，申请去贵州省黎平县挂职。三年后，一场前所未有的试验在国家级贫困村黎平县铜关村展开。

2014年11月，腾讯基金会联合黔东南移动、中兴通讯，一起启动了这场试验：移动公司投入100多万元在铜关村建起一座4G基站；中兴通讯为铜关村捐赠了209台智能手机；腾讯基金会给报名申请智能手机的村民进行移动互联网的使用培训。黔东南移动还向培训合格的村民每月赠送1G网络流量，连续20个月，鼓励他们学会用手机上网。

这个少有人知的贫瘠山村以光速投身移动互联网时代。全国第一个村级微信公众号在这里诞生，村会计在公众号中公开账目，村民在下面点"好评""中评""差评"；村支书在公众号里写支书日记，村民在后面点赞留言或评论。低保评定结果在公号里公示后，有意见的村民在微信群激烈讨论，村干部在群里回答疑问，解释政策解释到凌晨四点。年轻媳妇们尝试了网购，60多岁的老妈妈学会跟远在东莞的儿子视频聊天，有村民开始用微信卖自家的土特产和手工布艺产品……

"我们证明了可以用互联网为乡村连接情感、信息甚至财富。移动互联网的介入可以在很短时间内改变一个非常偏远的乡村。"主导这场试验的陈圆圆说。他们终于找到发挥腾讯核心能力的"互联网＋农村"模式：建设基层乡村的移动互联网能力，通过微信公众号和微信群搭建属于乡村自己的移动互联网平台，为乡村发展连接各种资源，让村民自己创造各种可能。

2015年8月，以铜关模式为基础，腾讯基金会向全国推出"为村开放平台"。

回想当年穿着解放鞋在村里跑家串户的日子和项目差点失败时的无奈与不甘，陈圆圆在微信朋友圈里写道："今天我们真的看到了曙光和希望，让我相信我们所做的一切是选择了正确的方向。变革正在发生，而最让人激动的是，我们正身处变革之中，这是怎样一种难得的机遇和幸运，不能辜负这份时代赋予的责任。"

6. 促进地方扶贫官员移动互联网的思考

2015年秋，陈圆圆应邀到国务院扶贫办深圳培训基地给全国各地的扶贫干部、乡镇长党委书记讲课，湖南湘西州扶贫办干部唐其昭参加了这次培训。这次培训原本没有他的事，但听说要讲互联网扶贫，他向领导和组织方争取多要来一个听课名额。

陈圆圆讲了一个铜关村的故事：有人耕牛被盗，失主在微信群里发出追偷牛贼的信息，村民们在群里提供线索，半小时后，30多个民兵在山坡上截住了被盗的牛。这让唐其昭大受触动，他想起湘西农村曾发生过人死7天没人知道的事：祖孙俩相依为命，奶奶去世后，幼小的孙子趴在奶奶身上7天才被发现，"而人家牛被偷了居然还能靠微信群找回来，这么好的东西，我们为什么不推广？"

培训结束几周后，陈圆圆收到唐其昭发来的一个2 000多字的文档，讲了他对铜关村互联网扶贫模式的理解和在湘西推广这种模式的方案。

长年在地方挂职的陈圆圆，对地方基层工作人员形成了并不积极的刻板印象。在讲课的时候，她对自己的演讲到底能多大程度触动学员并没有抱太多信心。

"我很吃惊。他（唐其昭）完全消化了我们这套东西，并且添加了政府方的思考，听我课的人很多，但从没有一个政府官员能想得这样透彻。"

但陈圆圆当时对唐其昭仍然有所保留。贵州的项目看似硕果累累，但她知道，铜关村是腾讯基金会为村项目组倾力推动的结果。当地主动脱贫意愿、利用互联网脱贫的能力尚有不足。

也就是说，如果没有腾讯的支持，铜关村项目很可能难以为继。但全国千千万万个村落，腾讯不可能用同样的力度去支持。"我再也不可能花几年去挂职驻点了。"陈圆圆说。

于是，她用很公关的口吻告诉唐其昭：方案不错，你们先推推看，加油！

陈圆圆没想到，这位个子小小、年逾五十的基层干部，最终能给她惊喜。

唐其昭坚定地认为农村扶贫必须发展互联网。"扶贫搞产业，发展产业的人哪去了？都去打工了，首先你要找到这些劳动力，这需要互联网；卖产品不能用物质短缺时代那套思维搞，要知道别人需要什么，这些信息要靠互联网；知道市场要什么，老百姓生产得了吗？你可以搜互联网看视频学技术，不用像过去那样费时花钱跑去外地。"

他说起城市与农村的差距，指出互联网扶贫并不局限于卖农产品赚钱，"网上订票对你们是家常便饭，我们乡下人很多搞不好啊，因为村里没有互联网。农村人需不需要建互联网？这要看他需不需要进城，他的产品要进城，他的孩子要进城，他生了大病要进城，他就需要互联网。"

几经努力，唐其昭的报告受到州领导重视。2015年9月，湖南湘西州在7县1市试点"互联网＋贫困村"扶贫开发新模式："湘西为村"。他们在试点村实现光纤入户和全村Wi-Fi覆盖，选取各村有能力的村民当"带头人"，建立村级微信群和公众号，进行村务公开、打造乡村品牌、销售农副产品……

第四节 移动互联网在农村的发展前景

科技兴农，科技富农的思想正日益深入人心，这会给网络普及造成一定推动。村民的科技文化素质在不断得到提高，人们会越来越认识到网络的巨大作用。网络技术的提高，费用的降低将会使越来越多的人认识网络、使用网络。在当前建设社会主义新农村的方针指导下，在农村实行科学普及势在必行，计算机和网络作为科学技术的重要组成部分需要尽快地走向农村。

总之，移动互联网在农村的发展方兴未艾，它将在各个方面给地域广阔、资源丰富的农村带来空前的机遇。而在这一过程中，互联网自身也将达成新的发展。尽管目前受到诸多条件的限制，农村互联网的发展与城镇相比仍然差距很大，但是我们相信它的前景值得期待。

(1) 移动互联网金融走村入户

移动支付并非城市的"专利"，互联网金融也将"走村入户"。"2013农村移动支付论坛"上提出，我国广大农村地区不同程度地存在金融基础设施薄弱的问题，未来将推进农村移动支付试点。对此，业内分析人士指出，农村移动支付空间开启，前景无限（见图2-3）。

随着移动互联网的快速发展，移动支付业务凭借其高效支付的优势，在各行各业得到广泛的应用。在政府部门的推动和市场主体的创新实践下，目前移动支付正在逐步向广大农村地区渗透，成为改善农村支付服务环境、破解农村支付服务供给不足难题的一项创新性业务。

有数据显示，目前全国平均每个乡镇有2.13个金融网点，1个网点服务近两万居民。专家就此表示，金融供给不足问题仍不同程度存在；移动支付业务的高效、低成本的特点，能够适应农村地区的金融服务需求。

图2-3　农村金融市场前景无限

2012年，中国人民银行会同有关方面，启动了农村移动支付的试点工作，推动各金融机构和支付机构积极探索业务模式，为更多贫困地区的农民提供高效、低成本的支付服务，展现了移动支付在农村地区扶贫、便民和包容性增长方面的空间和前景。目前试点正在20个省份稳步推进。

在"2013农村移动支付论坛"上，时任人民银行支付结算司司长励跃介绍了试点工作情况。励跃表示，人民银行非常重视农村移动支付建设工作，制定实施了一系列政策措施，初步构建起普惠制农村支付体系。到去年年末，农村地区金融机构开立的个人账户达到23.6亿户，银行卡达到13.5亿张，基本实现了家家有账户，补贴能到户。

与此同时，不断扩大金融覆盖面，提供灵活多样的接入方式，支持7万多个农村机构网点接入人民银行的支付系统，畅通了农村地区回路，拓展了农村支付服务半径。

在开展农民工银行卡特色服务方面，目前已有4万多个农村银行营业网点可以办理农民工银行卡特色服务。在农业银行、邮政储蓄银行、农信社等涉农机构和几大电信运营商的共同努力下，目前农村支付服务环境得到了有效改善，同时也改善了中国金融普惠状况。

未来推进农村移动支付发展时，需要坚持几大原则。

一是农村支付服务环境总体上应适应农村经济金融发展水平，不能超越这一水平来进行农村支付服务环境建设。

二是要着重凸显"农村特色",着眼于农民的需求,推出符合农民习惯、好用易操作的支付产品,不能简单地把针对城市居民的成熟支付产品复制到农村。未来的发展重点是:把握好农村经济发展特点和农民生活习惯,重点满足农民小额转账、汇款、取现、各项补贴发放等基础性、必需性的金融服务需求。

三是要坚持市场主导和政策扶持双轮驱动,既要尊重市场规律,将各项工作的着力点放在培育市场、拓展市场和管理市场上,确保有关工作不偏离以"三农"金融服务需求为导向的轨道,又要争取地方政府支持,加强与财政、商务、民政部门的沟通合作,调动金融资源支持农村服务环境的积极性。

四是应从维护农村居民切身利益的高度,加强金融支付服务的安全性,全面提升风险防范能力,为农村居民提供更加安全便利、低成本的交易工具。农民的资金来之不易,风险防范意识比较薄弱,所以应着重强调风险防范的问题,向农民普及金融知识和常识,增强他们的自我保护意识。

(2)开启农村电子商务新时代

随着移动互联网的普及,当前我国已经迎来了全民的移动互联时代,特别是在广大的农村。

今天,移动互联网已成为人们一种必不可少的生活方式,并且它更适合硬件环境薄弱的广大农村。有业内学者认为,随着移动互联网用户数量日益增长和智能手机终端在农村的逐渐普及,移动互联网得到了井喷式的发展。不断满足用户需要的应用程序与服务的多样化,以及市场规模的不断扩大,表明移动互联网蕴藏着巨大的市场空间和发展前景,移动互联网在未来几年中将会进一步掀起互联网发展的新浪潮。如果说互联网革命是把世界变得越来越小,那么移动互联网就把世界变得越来越快,无所不在。

(3)移动互联网引领乡村旅游

随着我国信息化时代的到来,使得我国互联网络技术日益完善,并且在各个行业广泛应用,成为市场竞争的新动力,同时也为乡村旅游创造了良好的机遇。在移动互联网逐渐普及的背景下,乡村旅游也乘着发展的高速列车进入了信息化发展的进程,而营销策略的创新也将有助于推动乡村旅游的发展。

随着我国科学技术的不断发展使得创新乡村旅游营销模式成为时代发展的一种必然趋势。通过对乡村旅游营销模式进行创新,可有效提高相关企业公司的市场竞争力,而乡村旅游作为我国层面优化调整产业结构、提高产业融合的重要契合点,应重视其创新变革,从而促进我国社会经济的不断发展。对于乡村旅游来讲，项目开发与产品营销均可以充分体现出乡村旅游自身的异地性、无形性，这就使得互联网环境下的乡村旅游迎来了前所未有的发展机遇，而创新营销模式则可以有效带动乡村旅游产业的发展。

目前，移动互联网络环境下的乡村旅游营销过程中主要还存在以下问题影响着乡村旅游产业的发展：第一，在营销过程中存在营销误区。受到国家政策的大力支持，近几年我国的乡村旅游产业得以快速发展，并随着时代的变化进行了一系列的变革与创新，然而这其中却存在一定误区，限制了乡村旅游的发展，由于缺乏相关思想理念的有效指导使得"移动互联网＋乡村营销模式"始终无法得到有效的应用；第二，缺乏专业的营销团队。乡村旅游虽然已经将互联网营销模式应用到实际营销过程中，但是缺乏专业的移动互联网营销团队使得乡村旅游营销通常缺乏理论指导，导致营销过程常出现混乱状况，阻碍了乡村旅游的进一步发展。第三，缺乏健全的营销机制以及科学的整体规划。在实际营销过程中由于缺乏行之有效的营销机制使得网络营销过程缺乏有力监管，从而产生漏洞，严重降低了服务质量。

由于移动互联网自身具有较强的产业融合能力、创新能力，且包含多种多样的信息，使得乡村旅游营销迎来了前所未有的发展机遇，并且直接影响到了消费者的消费模式。在移动互联网络环境下，乡村旅游与消费者之间的距离被有效缩减，同时还拓宽营销渠道并加快了信息传播的速度，且乡村旅游营销过程中将电子商务有效融合，从而带动了乡村旅游产品的发展，使得消费者在消费时可以更加便捷。因此在创新乡村旅游营销模式的过程中应注意将智慧营销模式融入其中，利用现阶段互联网丰富的资源以及先进的互联网络技术，将乡村旅游的资源信息进行有效共享，从而有效提高服务质量，为消费者创造更加良好的消费环境。

目前在创新乡村旅游营销策略、利用移动互联网进行营销的过程中，应将准确定位市场作为其中最为关键的环节。现阶段我国的移动互联网络环境下的乡村旅游营销主要存在无法准确定位市场、缺乏互联网营销意识等现象，使得乡村旅游市场无法得到有效发展。在当今信息化的时代背景下，创新移动网络营销模式应从市场的实际情况出发，通过充分掌握市场的实际情况有效避免创新过程中可能出现的失误，在此基础上积极进行探索、创新，从而创新出更多符合当前时代发展的网络营销模式，并将电子邮件营销、论坛营销等方式进行综合运用，从而有效提高营销效率。此外，开发者应积极站在消费者的角度去思考，将现代化的社交平台结合到营销过程中，使得消费者可以通过这些平台进一步了解乡村旅游，并对其产生兴趣，从而有效地带动乡村旅游的发展。

随着我国社会经济以及科学技术的不断发展使得传统的思想观念以及营销模式已经不符合当今时代的要求，因此在进行乡村旅游营销模式创新的过程中应注意结合时代特点，充分做到与时俱进并且及时引进先进的思想文化以及管理理念，从而为今后的发展奠定良好基础。在时代的发展下，为了有效做好乡村旅游营销，首先，应创新营销观念，跟随时代的发展与变化，建设与时代相符的营销模式；其次，应充分做好市场调研并且充分掌握市场经济的发展趋势，通过对消费者的实际需求、消费心理以及消费者对移动终端的使用频率、互联网旅游消费订单成交量等方面进行调查，只有这样才可以构建出更加符合消费者心理的营销模式。与此同时，在创新消费营销模式的过程中应注重将人性化元素融入其中，并结合当前的可持续发展理念将绿色环保观念渗透到网络营销过程中，使得消费者与乡村生态环境的关系得到有效协调，从而激发消费者对乡村旅游的兴趣，为今后的发展奠定良好基础。

第五节 移动互联网在农村的使用及发展策略

选择适合农村具体情况的移动互联网发展之路，有助于我们更加合理、有效地使用这一媒体。

1. 要认真搞好建设规划，切实加强组织领导

做好顶层设计，实行分层建设、分步实施，注重信息系统和资源整合。各级政府部门，特别是农业部门要重视并提高对农经信息化工作的认识，各级农经部门也要积极推动和争取有关部门的支持。

2. 加强农村移动互联网应用教育，提升农民使用移动互联网的技能

加大宣传力度，对农村居民普及移动互联网知识。让农村居民了解移动互联网，不仅要让他们了解移动互联网是什么，还要教会他们如何使用，从而促进农村地区移动互联网的发展。笔者认为，基层政府可以开辟专门的场所，由专人开设定期的普及课程，对村民进行现场示范和讲解。在农村有一部分人认为"上网没用不需要"，说明移动互联网对农村地区的作用还不明显，或者说移动互联网对农民的作用没有直接显现出来。因此，我们必须加大宣传力度，使农民认识到移动互联网的作用并能够积极主动地利用移动互联网增加收入。

3. 搞好农村信息开发应用，加强农村移动互联网信息服务

政府应出台相关政策支持并加大投入。一方面，硬件设施和网络作为互联网建设的必备条件，计算机已经包括在家电下乡目录中，而对于农村地区较高的上网费用，政府应采取补贴等措施或督促电信企业下调费用。另一方面，只有相关技术设备给民众的生产生活带来直接的效果才能被大众所接受。因此，政府应根据实际情况投资建设农村地区的互联网，设立公众服务型的互联网上网场所作为农村普及互联网的一种过渡形式，为农民提供丰富的信息服务。积极推动"乡乡有网站"工程，加快农村信息化建设。"乡乡有网站"工程是一个由政府主导、多方推动的对农村电信和互联网实施重点扶持的大型公益工程，于 2007 年 6 月份启动。随着电信事业的发展，目前我国大部分乡镇都已具备宽带上网的条件。"乡乡有网站"工程自启动以来，已得到地方政府的热烈响应，目前，全国已有 1/4 的省级行政区签约加入该工程，相信会有更多的农村网民从中受益。

4. 建立专业的农业移动互联网平台，打造农民信息交流的平台

开发简单易用、内容丰富的农业服务信息平台。农业服务信息平台的搭建，可以使农民在简便易用的平台上搜集与本人生产、生活、经营有用的信息，如气象服务、农业技术、供求信息、市场行情、专家咨询、劳务市场、招商引资、政策法规等内容。

第三章 移动互联网带来的农业革命

我国农业市场空间大,产业落后、信息不对称较严重,具有大规模分散的用户,作为中国最大实体产业,农业具有巨大的互联网改造空间。"互联网+农业生产""互联网+农业监管""互联网+农技服务""互联网+农村电商",将是未来一段时间"互联网+农业"发展的主要方向。

第一节 互联网+农业生产

"互联网+农业生产"重点体现在智慧农业在生产领域上的应用。基于固定互联网、移动互联网和物联网应用技术,搭建智慧农业管理平台,通过大量的传感器节点构成监控网络,通过各种传感器采集信息,以帮助农民及时发现问题,并且准确地确定发生问题的位置,最终准确的指导农民的生产(见图3-1)。由此,农业将逐渐地从以人力为中心、依赖于孤立机械的生产模式转向以信息和软件为中心的生产模式,从而大量使用各种自动化、智能化、远程控制的生产设备,极大地提高农业生产效率。

"互联网+农业生产"主要应用有以下几个方面。

(1) 农业设施

利用物联网技术,可实时远程获取温室大棚内部的环境参数和视频图像;可

图 3-1 农业智能化生产

远程或自动控制湿帘风机、喷淋滴灌、内外遮阳、顶窗侧窗、加温补光、二氧化碳气肥机等设备；保证温室大棚内环境最适宜作物生长，为作物高产、优质、高效、生态、安全创造条件。

温室大棚智能控制单元由测控模块、电磁阀、配电控制柜及安装附件组成，通过通信模块与管理监控中心连接。据温室大棚内空气温湿度、土壤温度水分、光照强度及二氧化碳浓度等参数，对环境调节设备进行控制，包括内遮阳、外遮阳、风机、湿帘水泵、顶部通风、灌溉电磁阀、CO_2 气肥机等设备（见图 3-2）。

图 3-2 移动互联网＋农业生产

(2) 集约养殖

动物个性化生理、健康、喂养监测管理信息化。通过运用物联网，养殖场内通过物联网智能系统能够很好地调节控制室内温度，对养殖室实行 24 小时远程监控，便于实时发现问题，控制风险，同时对疫病有很好的防护作用。在安全饲养方面，还能够帮助企业建立完善的生产档案，建立畜禽产品安全溯源的数据基础，管理安全生产投入品，建立疫病防疫记录；同时实现畜禽生产过程的可监测、可控制，实时监控畜禽存栏数、用药情况、疾病治疗免疫、饲料等情况，提高畜禽生产的安全性，保障了消费者的身体健康和生命安全（见图 3-3）。

图 3-3　互联网＋养猪

(3) 大田生产

大田生产通过农业物联网实时收集农田温度、湿度、风力、大气、降雨量等数据信息，监视农作物灌溉情况，监测土壤和温度状况的变更，根据农作物生长模型，随时进行预警，为现代农业综合信息监测、环境控制以及智能管理提供科学依据，提高农产品质量和产量（见图 3-4）。

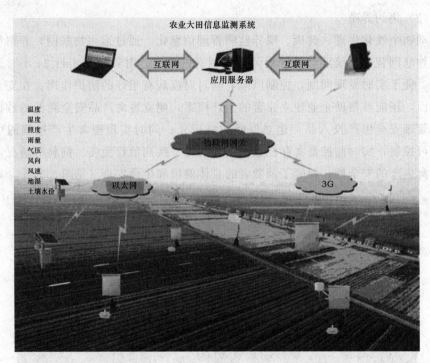

图 3-4 大田生产

第二节 互联网+农业监管

依托互联网、云计算、大数据、物联网技术,建设农产品质量安全工作综合平台,为省、市、县、乡农业主管部门提供农产品质量安全工作移动化信息平台,实现远距离巡查、零距离监管。农产品质量安全工作综合平台组成,如图3-5所示。

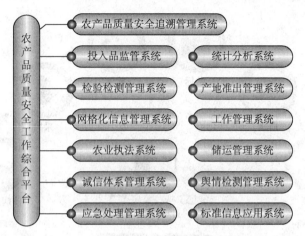

图 3-5 农产品质量安全工作综合平台的构成

1. 农产品质量安全追溯管理系统

基于云计算和物联网技术，集"管、防、控"于一体，面向生产企业、加工企业、流通企业、销售终端和消费者的农产品安全实时、在线追溯系统，为"政府监管、企业管理、消费者追溯"提供全方位服务。

2. 投入品监管系统

监管部门对本辖区内所有投入品生产经营主体实行动态监管，对产品进、销、存及使用情况进行管理，系统与工作综合平台实现对接、数据共享，并提供如农资补贴等个性化定制需求，满足不同地区的使用要求。

3. 检验检测管理系统

对管辖区域的农产品开展专业检测、省级抽检、市级监测、区县快检、专项监测等检测数据综合管理，与快检设备系统对接、数据实时传输。

4. 网格化信息管理系统

对管辖区域内的从事农产品生产经营者实现数据库管理，包括基本信息、基地信息、地块信息、产地环境、农产品信息、农事活动信息、收购信息、储藏信息、运输信息等。监管部门实施动态管理（见图 3-6）。

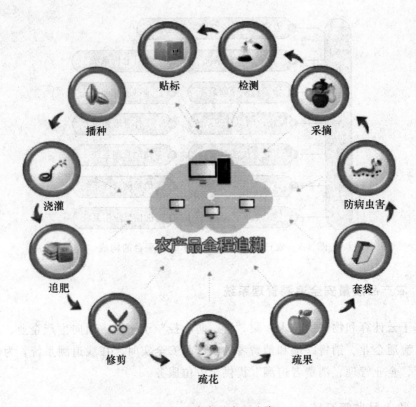

图 3-6　农产品全程追溯

5. 农业执法系统

利用移动终端（手机、手持式专用设备）对管辖区域内的从事农产品生产经营者、投入品生产经营主体实现动态监管与移动执法，做到监管信息实时记录，农业执法现场处理。

6. 诚信体系管理系统

对管辖区域内的从事农产品生产经营者、投入品生产经营主体在农业生产经营活动中建立诚信名单、分红名单和黑名单，建立信用体系考核评价机制，部分信息对外通报。

7. 产地准出管理系统

对管辖区域的农户生产的农产品根据国家有关规定，建立产地准出证明，由主管部门统一管理。

8. 统计分析系统

利用大数据与云计算技术，对管辖区域内的从事农产品生产经营者、投入品生产经营主体的各项生产经营数据进行统计分析，建立各种数据模型，对数据进行综合分析处理，为农业生产经营活动提供数据支撑。

9. 信息管理系统

系统分成省、市（州）、县（区、市）三级管理，实现工作任务发布、反馈、管理，以及公文传输、文件通报等信息应用。

10. 收储运管理系统

系统对农产品在收购、储藏、运输环节中提供信息化管理平台，实现从生产到流通的全程对接，监管部门对整个过程实现动态监管。

11. 舆情监测管理系统

系统利用互联网技术、大数据技术、信息采集技术等技术，实时动态收集与农产品质量安全问题相关的信息，通过建立分析模型，智能判断问题性质与影响程度，为监管部门提供重要的数据支撑。

12. 应急处理管理系统

系统针对管辖区域的农产品在生产经营过程中制定农产品质量安全事件应急处置预案，与工作综合平台中各系统进行对接，实现事件处理全程可控，将影响程度减小。

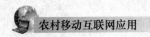

第三节 互联网＋农技服务

1. 农业标准化体系

农业标准体系的组成以农业技术标准为主，同时包括农业管理标准和农业工作标准。运用互联网等信息手段宣传引导，提高国内农业标准化意识；通过互联网聚合的力量，完善农业标准的制定和修改工作；采取互联网监管的方式，有效地保证农业标准的实施和示范。

（1）农业标准信息库

利用互联网、云计算技术，建立农业标准信息库，在横跨农业全景领域采用行业研究智库与方法论和先进的信息处理技术及检索手段，进行数据的统一、标准的规范、精准的数据完备，实时提供行业研究和数据渠道，在梳理农业战略流程的同时，提供农业标准动态数据库资源。

（2）农业标准使用规程

各级农业部门充分利用农业科研、教学、管理、生产各单位的技术力量，通过互联网，认真行使行业管理职能，组织制定了一大批农产品生产、病虫害防治、检验检疫、农产品加工、农村资源环境等各类技术规范和种植养殖技术等农业技术操作规程，在实行农业行业管理、指导农产品标准化生产、促进农业可持续发展。

（3）农业标准操作示范

充分运用互联网、多媒体等现代信息技术，将技术规范和操作规程通俗化、简单化，使广大农民准确掌握核心技术、全面掌握配套技术、熟练掌握操作技能，强化农业标准基础建设。

2. 农技专家指导

建立农业专家信息系统。通过互联网，大力推广实用技术，引导农民学科学、用科学,培养懂技术、会经营的农村科技明白人,依托农业专家系统促进农业经济发展和农民增收。

(1) 农技知识库

运用云计算、数据挖掘等技术,对作物苗情、土情、肥情、病虫害、气象、生态、畜牧、水产养殖及各种灾害等大量数据和实际案例,通过互联网集合农业专家、农业生产者、以及其他人员的智慧和经验,学习和发现农业生产潜在的规律和知识,建立丰富的农技知识库,为广大农民提供广泛的、精准的农技知识,指导其进行农业生产,提高效率。

(2) 农技专家库

基于网络技术开发建设农业专业领域的科技专家库,收录农技专家信息,农民通过专家库查找指定专家,为其答疑解惑,指导农业生产。

(3) 农技专家诊断系统

运用互联网多媒体技术,通过农技专家在线跨区域向农业生产管理者提供咨询服务,对农业病害实时诊断,指导科学生产,促进农业生产科技的普及。

3. 农机服务

通过互联网和信息化手段,加强农机管理、科研、生产、农机化新技术、农机具的推广应用、农机销售和作业服务,开展农业机械科技信息工作,促进我国农业发展,加快我国农业机械化、现代化、信息化。

(1) 农机监管

建立农机信息系统,完善农机信息上报制度,加强农机管理部门和农机用户、生产者的联系,发布最新的农机科技信息和农机发展动态,管理和规范农机市场。

(2) 农机远程服务

运用互联网通讯、定位技术,实现作业机械定位、远程调度、农机信息服务、农机安全管理、农机呼叫中心和专家咨询等多项功能。

(3) 种植、养殖机械化

种植、养殖全程机械化应用,通过互联网和物联网,开展农机跨区域作业,不断提升劳动生产率和土地利用率。

(4) 植保自动化

采用无人机喷药撒药、远程控制植保机械等手段,提升植保装备作业效率。

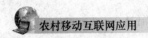

第四节 互联网＋农村电商

1. 农产品电子交易

整合农业生产者、经营者和消费者，搭建农产品交易电子商务平台，为众多农业企业提供优质的展示和交易网络平台。搭建农业生产者和经营者的桥梁，试行"家庭会员宅配"或者"订单农业"模式，把双方紧密结合起来，保障农产品供销渠道的畅通，增加农民收入。

2. 农村商贸物流

打造农产品物流供应链管理；实现"加工型公司＋农户物流"组织管理；建立农产品物流中心，发挥物流中心的信息中心功能；提高农民的组织化水平，组建农民合作社、行业协会等区域性民间组织参与农产品物流，形成一个延伸到县、乡、村的物流网络。签订合同发展订单农业，采取分购联销的管理方式，极大地降低农产品物流成本。

3. 农业金融

基于电子交易平台，实现网上购物支付、转账结算的同时，本系统将提供储蓄、兑现、消费贷款等金融服务功能。衍生农业供应链小额信贷服务，为广大农业企业提供资金支持，一定程度上缓解企业生产经营压力，促进农业健康稳定发展。

4. 农业行情分析

利用大数据技术、云计算技术，在农产品质量安全工作综合平台和农业电子商务交易平台的各项数据基础上，开展实时动态的农产品质量安全形势分析和舆

第三章　移动互联网带来的农业革命

情监控，开展农产品交易信息，供求动态监测，为各类农业生产经营主体提供准确、及时、系统的市场信息，帮助其调整市场策略，减少风险，做出正确的决策。

第五节　互联网＋农业的实现和成效

1. "互联网＋农业"的实现方式

和互联网融合，绝不是简单的加法，而是通过产业的融合和创新，以最新的互联网行业之长，补最传统的农业之短，甚至是创造全新的产业模式。

①以农产品溯源体系建设为突破口，贯穿产前、产中、产后，连贯四大方向，有望借助该体系整合各方，最终解决农业全产业链的关键环节。

②瞄准农业生产、经营、管理和服务四大应用，突破大数据、物联网、数字农业等前沿技术，建立全产业链条智慧农业系统。

③发展多形式农产品交易电商平台：第一，依托原有互联网优势延伸到农产品领域的电商平台，如天猫、京东；第二，传统批发市场转型形成的农产品电商平台，如北京新发地农贸市场电商平台；第三，有实力的农产品企业自主打造垂直农产品电商平台，并逐步扩张品类，如联想佳沃；第四，个性化高端产品形成的小而美轻模式，如淘宝农业，农产品微商。

④提高农业现代物流技术，加强农业物流基础设施及物流技术装备建设，积极培育和发展第三方农业物流，加快农业扁平化物流交易集散模式，抓好现代农业物流标准化建设。

⑤发展多元化农业众筹模式，利用股权、订单农业、大家种等方式，实现农产品、农场、农业技术、农业产业各个领域众筹。

⑥构建农业云平台，利用农业大数据指导农业生产，开发农业新技术，预测分析市场行情，提升农产品生产者经营效益，促进农业产业模式创新。

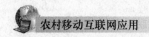

2. "互联网+农业"的成效

①农业经营方式上,从千家万户的小生产转变为成为更富有效率和效益的集约化、规模化、标准化大生产。

②农业产业组织形式上,从农业产业链割裂,各行其是、互不关联状态转变到农业产业化、一体化组织形态,促进农业产业链的有机整合,提高农业附加值。

③农产品生产与市场的关系上,转变到以市场引导生产,以生产保市场供给的生产与调控方式,综合考虑国际国内两个市场,不断提高农产品市场的调控能力。

④农业生产手段上,切实转变到依靠科技进步的轨道上来,不断提高科技对农业的贡献率。

⑤农业发展路径上,从高能耗、高投入,以牺牲自然生态环境为代价的农业发展模式转变到低碳农业、生态农业与可持续农业并举的发展模式。

第四章 移动互联网在农村电子商务中的应用

第一节 移动电子商务概述

　　电子商务代表着未来贸易方式的发展方向,其应用和推广将给社会和经济带来极大的效益,已经成为全球经济的最大增长点之一,具有强大生命力的现代电子交易手段已越来越被人们所认识。随着网络技术、通信技术的迅猛发展和相互融合,在移动通信和电子商务技术的触动下,一种新型的电子商务模式开始显现出巨大的市场潜力,这便是移动电子商务(见图4-1)。

图4-1　移动电子商务

移动电子商务,百度百科中给出的定义是:就是利用手机、PAD等无线终端进行的 B2B、B2C、C2C 或 O2O 的电子商务。它将互联网、移动通信技术及信息处理技术结合在一起,使人们可以随时随地地进行各种商贸活动,实现线上线下的购物与交易、在线电子支付以及各种交易活动、商务活动等(见图 4-2)。

图 4-2　移动电子商务的支付交易

1. 移动电子商务的优势

移动电子商务与狭义电子商务比较,具有以下几种明显优势(见图 4-3)。

①不受时空限制;

②更好的个性化服务;

③信息的获取将更为及时;

④基于位置的服务;

⑤网上支付更加方便快捷。

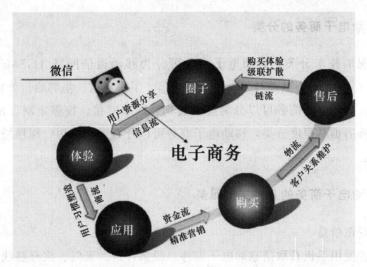

图 4-3　移动电子商务的优势

2. 移动电子商务的特点

移动电子商务的主要特点是灵活、简单、方便。

方便（移动性）是移动电子商务最大的特点。它保证商业信息流可以随着移动设备的移动而移动，消除了时间和地域的限制。移动终端既是一个移动通信工具，又是一个移动POS机，一个移动的银行ATM机。当GPRS或3G、4G网络服务与沟通工具完备时，消费者一旦打开通信设备，如移动电话、PDA等，即可与因特网随时随地联接，不需重新进行拨接就能上网。用户可在任何时间，任何地点进行电子商务交易和办理银行业务，包括支付。消费者也可在方便的时候使用智能电话或PDA选购商品、获取服务和娱乐等。移动电话具有随时随地联机与个人识别的特色，因此未来进行无线传输时，无需再担心你在不在线，取而代之的是"你现在方便沟通吗？"通过无线网络的定位功能，消费者将可随时随地获取所在地周围的各种信息，例如邻近的停车、美食、娱乐、公共服务等信息。

迅速灵活是移动电子商务又一明显特点，能根据消费者的个性化需求和喜好进行定制，设备的选择以及提供服务与信息的方式完全由用户自己控制。通过移动电子商务，用户可随时随地获取所需的服务、应用、信息和娱乐。

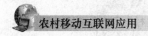

3. 移动电子商务的分类

按实现的技术分类，移动电子商务可分为移动通信网络（GSM/CDMA）、无线网络（WLAN）、其他技术（超短距通信、卫星通信、集群通信等）。按用户需求分类，移动电子商务可以分为搜索查询、需求对接、按需定制、预约接受。按移动商务的难易程度分类，移动电子商务可以分为浅层应用、深层应用、移动转移对接。

4. 移动电子商务的几种主要服务

（1）资讯信息

消费者使用手机获取信息如电子邮件、股票行情、天气、旅行路线和航班信息等。尽管这些服务并不代表直接的商机，但是在电子商务的引导下，这些业务有助于构建客户关系，并且创造间接商业机会。

（2）银行业务

移动电子商务使用户能随时随地在网上安全地进行个人财务管理，进一步完善互联网银行体系。用户可以使用移动终端核查账户、支付账单、进转账以及接收付款通知等。"手机钱包"是中国移动、中国银联联合各大国有及股份制商业银行联合推出的移动电子支付通道服务。国家移动电子商务试点示范工程在湖南进行。

（3）交易

移动电子商务具有即时性，因此非常适用于股票等交易应用。移动设备可用于接收实时财务新闻和信息，也可确认订单并安全地在线管理股票交易。

（4）无线购物

借助移动电子商务技术，用户能够通过移动通信设备进行网上购物，如订购鲜花、礼物、食品等。传统购物也可通过移动电子商务得到改进，例如，用户可以使用"无线电子钱包"等具有安全支付功能的移动设备在商店里或自动售货机上进行购物。

第二节 移动电子商务发展趋势

近年来,移动互联网的快速普及为我国移动电子商务的发展奠定了基础,移动电子商务快速发展,对经济社会生活的影响不断增大,正成为我国经济发展的重要推动力。

一是移动电子商务业务不断增长。根据《中国互联网络发展状况统计报告》,截至2017年8月底,我国有8.32亿网民,其中,手机网民规模达到6.27亿,占83.4%。手机使用率首次超越传统个人电脑使用率,成为第一大上网终端设备。伴随着移动互联网用户规模的迅速扩大,移动购物逐渐成为网民购物的首选方式之一。2017年6月,我国手机购物用户规模达到3.05亿,同比增长42%,是网购市场整体用户规模增长速度的4.3倍,手机购物的使用比例提升至38.9%。移动电子商务市场交易额占互联网交易总额的比重快速提升。

二是移动电子商务激发企业转型。近年来,我国传统电子商务交易平台企业纷纷向移动电子商务转型。淘宝网、京东商城等企业推出了手机客户端和手机网站,不断优化用户体验。大量中小企业推出自身的移动APP客户端,有效提高了营销精准度和促销力度。移动电子商务市场的产业集中度正在快速提高。

三是移动电子商务催生了新的商业模式。首先,移动互联网具有定位功能,它实现了线下实体店和在线网络店的充分融合,出现了O2O模式,每家实体店或企业都可以在移动互联网上发布自己的终端应用,实体店主要提供产品展示和体验功能,解决服务客户的"最后一公里"问题,而交易则在网上完成。也就是说,互联网渠道不是和线下隔离的销售渠道,而是一个可以和线下无缝链接并能促进线下发展的渠道。O2O模式是一个"闭环",电商可以跟踪分析用户的交易情况和满意程度,快速调整营销策略。其次,很多领域的供求信息有高度的分散性和瞬时性,供求不匹配导致市场失灵,移动互联网为撮合供需双方达成交易提供了新的技术手段。第三,随着移动支付的普及,手机将取代银行卡等,成为综合智能终端,移动支付和微信支付的应用带动了网络基金、P2P网贷、众筹等线上金融服务的移动化转型。

可以说，移动电子商务不仅仅是电子商务从有线互联网向移动互联网的延伸，它更大大丰富了电子商务应用，深刻改变了消费方式和支付模式，并有效渗透到各行各业，促进了相关产业的转型升级，是我国提振内需和培育新兴产业的重要途径。

第三节 农村电子商务发展现状

2015年，农村电子商务发展即将进入一片蓝海——未知的市场空间，面对日益饱和的一二线城市，农村电子商务似乎成为各大电商新的战场，农村正在被电子商务所改变。

根据艾瑞咨询发布的数据，2013年我国网络购物市场交易规模达到1.85万亿元，增长42.0%，与2012年的66.1%相比，增速有所回落。未来几年，这一增速将进一步下滑。电子商务早已经告别了每年接近翻倍的高速增长，淘宝、京东等一些核心企业的发展依然迅速，但已经越来越感受到成长的压力。

过去10年是电子商务水涨船高式发展的时期，很多企业都有着大把的低价流量，可以以非常低的成本获取大量的新增用户，即便是每年用户的单位价值贡献没有提升，也即便是会流失掉不少老用户，只要公司新用户的增长率超越老用户的流失率和行业的平均水平，那么公司的市场份额依然会增加，同样也会有不错的业绩表现，所以"拉新"是那个年代里一个更为重要的命题。但是现在这一切都在悄然间发生着变化，根据中国互联网络信息中心（CNNIC）2014年1月份发布的《中国互联网络发展状况统计报告》显示：截至2013年12月，我国网民规模达6.18亿，互联网普及率为45.8%，较2012年底提升3.7个百分点。整体网民规模增速保持放缓的态势，从2007年的53%一路放缓到2013年的9.5%，未来的增速将逐渐接近自然增长，这预示着我国互联网"人口红利"时代的基本结束。

过去越来越多的普通消费者转化为网购用户推动了电子商务的高速发展，另一方面电商企业也不断地将线上的品类从图书、3C家电、化妆品、服装鞋帽扩展到了日用百货、生鲜、生活服务等，电子商务的边界被不断地突破，这进一步带来了行业规模的爆炸性增长。今天我们已经能够从互联网上购买到大部分的日常生活所需，图书、3C家电、化妆品以及服装鞋帽等一些核心品类的网购渗透率均已经超过了20%，有的甚至高达30%~40%，而与此同时他们的线上增速已经开始大幅放缓。淘宝、京东等综合性电商平台也已经将经营的品类扩张到几乎无所不包，单纯依靠品类扩张来继续高速成长的可能性越来越小了。

虽然我们现在去谈一二线城市已经趋近于饱和还为时尚早，但是不管是从用户扩张还是品类扩张的角度，电子商务在一二线城市都将会逐渐趋近于平稳增长，如何挖掘老用户的价值将会比拉新更为重要，精细化运营也将会比品类扩张更为重要。而电子商务也亟须要找到新的发展引擎，继续高速成长的态势。

其实严格来说，"人口红利"时代基本结束的说法也许并不准确。众所周知，由于长期以来"以农养工""以乡养城"的经济政策，导致我国城乡二元经济结构广泛存在，这已经成为阻碍市场经济发展的重大因素，导致城乡之间差距的进一步拉大。大力发展农村经济，改善城乡二元经济结构的状态一直是这几年国家大力推行的政策。在国家政策的引导下，农村经济得到了快速发展，农民的生活逐步改善，而农村作为下一个互联网"人口红利"来源的价值开始凸显，同时农村电子商务发展问题也还存在。

根据国家统计局公布的数字，截至2013年底，我国农村人口有6.3亿，占总人口的比例为46.3%。近年来，随着城镇化进程的推进，我国农村人口在总体人口中的占比持续下降，但农村网民在总体网民中的占比却保持上升，农村地区已经成为目前我国网民规模增长的重要动力。根据中国互联网络信息中心（CNNIC）发布的数字，截至2013年12月，我国网民中农村人口占比仅为28.6%，规模达1.77亿，相比2012年增长2 101万人。不过我国农村居民的互联网普及率仅为27.5%，相比城镇居民的62%有不小的差距，不过这也预示着未来成长空间的巨大。

互联网的逐渐普及和农村网民数量的攀升增加了农村电商消费市场的潜力，事实上早在几年前，精明的淘宝就已经开始在农村拓展。不仅农村的消费在逐渐增加，农民网店也开始成了一道独特的风景，淘宝县开始兴起，其中以遂昌模式最为知名。根据阿里研究院发布的数字，过去三年淘宝农村消费占比不断提升，从2012年第二季度的7.11%上升到了2014年第一季度的9.11%，不过比例依然很低。预计2014年农村网购市场会达到1 800亿以上，2016年将突破4 600亿，继续缩小与城市网购规模之间的差距。在农村电商消费增加的同时，农村的小生产也逐渐与更大的市场实现了对接，同样来自于阿里研究院的数字显示，

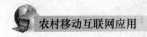

2013年仅在淘宝和天猫平台上,从县域发出的包裹就达约14亿件,阿里巴巴各平台农产品销售额达到500亿元,2014年有望达到1 000亿元。

鉴于农村市场的巨大潜力,中央提出了要"加强农产品电子商务平台的建设",奠定了发展农村电商的政策基础。可以说无论是政策导向,还是市场趋势,电商下乡都是大势所趋。

第四节 农村移动电子商务存在的问题

移动电子商务的快速发展是农村地区经济发展的重要契机,但传统商务观念转变、电子支付和网络结算技术欠缺、农村电子商务市场机制不完善、电子商务人才欠缺、农产品标准化程度低及农产品自身特点的限制,这些都严重阻碍了农村地区移动电子商务的发展。

1. 电子商务观念与意识落后

农村经济落后,知识匮乏,难以培育"手机网购"意识。中国作为农业大国,农村人口众多,农村人口大约占总人口的60%左右,相对发达国家人口素质低,农村人口相比城市人口教育程度低,城市教育的发展远远超越了农民教育的发展,从事农业生产的人口文化素质更低。目前,绝大多数农民没有接触过计算机及高端移动设备,不会利用移动网络,对移动网络认识不到位,受传统思想的束缚较深,传统消费观念难以转变,同时农村的生活习惯、作业方式、价值观念未能跟上时代信息化发展的趋势,对计算机、高科技通讯、网络的应用十分有限。

2. 电子支付与结算技术掌握难度高

当城市市民在享受网上银行、电话银行带来的便利的时候,农民却对此知之甚少,甚至觉得网上销售是天方夜谭。在广大农村,农民还是应用传统的结算方式,实时性非常差,花时间,花精力,实现农民网络结算还要经过很长一段时间的引导、教育和体验,让他们真正了解到网络结算的便利、结算速度快等优点。加强农村信息数据库的建设,不断强化、更新农村信息网络的建设,使手机与网络互相配合,发挥更大的作用。

3. 农村电子商务人才缺乏

中国农民的文化素质在不断地提高,但相对于城市化发展,从事农产品生产者的教育程度还是较低,对于新事物、新信息、新技术反应迟钝,更不具备对农产品移动电子商务的操作能力。农村有知识和具有创新精神的年轻人一般选择经济发达地区打工,留在农村进行农产品生产的人很少。而当代大学生,不论是本科还是高职毕业的电子商务专业人才更不愿意去农村,使得农村电子商务人才奇缺。

4. 农村物流配送体系不健全

农产品品种繁多、数量巨大、易腐烂、保质期短,而且销售渠道复杂,具有季节性、保鲜性和地方性。而农村地区农产品物流整体发展水平低下,很多偏远地区物流无法快速及时地到达,实现农产品移动销售至关重要的就是要根据所要营销农产品的产品特点和生产特点,建立地域分布广、物流成本低、效率高的农村物流配送体系,进而通过第三方物流提高农业综合效益,获得收益。然而农村物流体系不健全,这严重制约了移动电子商务的发展,是其发展的一个重要瓶颈。

5. 农产品标准化程度低

农产品大多都是以散户自由经营的模式,种植规模小,组织化程度低,技术规范要求不高,没有形成规模种植,并且农产品标准化程度普遍不高,这在一定程度上限制了农产品移动电子商务的快速发展。与标准化程度高的产品相比较,农产品有其自身的制约性,通过对农产品产前、产中、产后,销售前、销售中、销售后等全过程进行规范化、标准化运作,建立一个标准化程度高的农产品体系,使农产品更适合在网上销售。

6. 农产品自身特点的限制

农村土地经营的最大特点就是零星分散,这使农产品难以快速集中收购,规模经济难以形成。实现农产品的移动电子商务，必须借助传统物流，而农产品保质期短、易腐烂变质，不易保存和运输等自身特点严重制约了其发展。可以通过建立完善的物流配送体系、建立标准化程度高的农产品体系来克服农产品自身特点的限制。

第五节 农村移动电子商务的应用思路

1. 分层次、分阶段推进农村移动电子商务发展

分层次推进是指智能商务、全程商务、协同商务、支付型电子商务、非支付型商务（网络营销）等不同层次的电子商务同时推进。

初级移动电子商务，主要实现信息流的移动网络化，即进行移动网上发布农产品信息、网上签约洽谈、网上营销、网上收集客户信息、实现网络营销等非支付型电子商务，实现初级农村经营服务信息化。

中级电子商务，实现信息流与资金流的网络化，即实现网上交易、网上支付，实现支付型电子商务，以供应链管理与客户管理为基础，实现中级经营服务信息化。

高级电子商务，即商务电子化、网络化、智能化，开展协同电子商务，全面实现信息流、资金流、物流等三流的网络化。实现支付型电子商务与现代物流，网上订货与企业内部 ERP 集成，实现精益生产，零库存与商务智能。从原材料的网上订货采购、农产品网上销售、物流配送、财务决策等，实现全程电子商务，使农业产业链各方能协同优化作业。

鉴于我国各地社会经济（一二三产业）发展不平衡，我国农村电子商务的发展要因地制宜，要分阶段、分层次地推进。不同层次的电子商务将长期并存，即网络营销，支付型电子商务、协同商务、智能商务、网络经济与实体经济相结合，网上虚拟市场与网下实体市场将长期并存，同步发展。

2. 多样化、多模式发展移动电子商务

多样化指农业细分行业、农林牧副渔企业的业态多样化,电子商务解决方案与信息化应用系统多样化;涉农企业与消费者参与电子商务形式的多样化,电子商务与传统商务相结合;各种所有制、传统农业、新兴农业、各种规模的涉农企业都要开展网络营销、网上采购等商务活动。

多模式指 B2B、B2C、B2B2C、B2G、C2B、C2C 等模式,自建、外包多种模式发展电子商务及产业。政府与行业组织及地区组织培育各种电子商务的典型示范与推广,企业要研究总结成功企业商务模式的经验,传统商业与新型商业并举,网上营销与网下支付相结合,企业与消费者利用多种方式参与电子商务,实现不同水平的商务与电子的融合。各类涉农企业要因地制宜,结合本单位的情况,多样化、多模式的发展电子商务。

3. 整合资源,协调发展

电子政务带动电子商务,电子政务与电子商务协调发展。电子政务与电子商务都是电子业务,政府采购 G2B 带动 B2B 电子商务;政府网上年检、网上纳税带动乡镇企业上网、企业电子商务,G2B 带动 B2G 及 B2B。农村村委会是我国最基层政权组织,省、地、县各级政府电子政务要带动农业、农村电子商务,地区、乡镇电子政务与农业、农村电子商务将相互促进、协调发展。

城市电子商务带动农村电子商务,城市与农村电子商务协调发展。京沪穗等城市电子商务以城市为基础,辐射周边农村地区,带动农村电子商务发展、东部地区带动和对口支援中西部地区包括老少边及山区电子商务发展,东部与中西部地区电子商务协调互动发展。在信息资源开发利用,为中小企业服务平台建设等方面,行业与地区信息化要密切结合,协调发展。

农林牧副渔各业大型龙头企业电子商务带动中小企业电子商务,大型农业企业集团电子商务极大地带动供应链中小微型企业电子商务的发展,大型农业企业与乡镇村中小企业协调发展。

4. 抓好四个结合,多快好省地发展电子商务

(1) 网上网下结合

农业实体经济与虚拟经济结合,农资、农产品传统市场与虚拟网络市场结

合。农林牧副渔大宗产品专业市场网上、网下结合开展网络营销；互联网3D技术与传统农业结合，逐步发展订单农业与电子农务。

(2) "产、学、研、用"四结合

各级政府要支持和鼓励涉农产业部门、科研机构、高等院校、与用户单位通力合作，优势互补，共同研究"三农"电子商务解决方案，开发关键技术、产品，推进农村电子商务。

(3) 点面结合

培育一批乡镇、农村电子商务试点示范典型，农业龙头企业、农产品批发市场、连锁超市开展试点示范典型，建立重点特色农产品电子商务交易平台。首先要培植一批不同类型、不同信息化水平、不同投入产业比的电子商务示范样板，既要有中、高级电子商务的典型，也要有初级电子商务的样板，既有高投资的典型，也要有低成本的国产软硬件的应用样板，便于真正以点带面，推进农村、农业电子商务发展。

(4) 条块结合

行业与地区电子商务同步、协调发展。加快农村、农业电子商务服务体系建设，积极发展电子商务服务业：开发与整合政府资源，加快公共支撑服务体系（包括信息、技术、交易、物流服务），建设定向为农业、农村服务的第三方电子商务平台，建设布局合理的服务体系建设。鼓励信息产业包括信息设备制造业、软件业和电子商务与信息服务业，积极面向"三农"，开拓农村市场，带动农业、农村电子商务发展。

5. 创新发展，技术集成创新、商务模式创新是有效益电子商务的保证

技术集成创新，自主发展与跟踪发展相结合，积极研究开发适合国情的农业、农村电子商务关键技术及产品。跟踪国内外云计算、物联网、商务智能、移动商务等先进技术，在引进、消化基础上自主开发与集成创新、研究开发适合国情的农村电子商务技术及软硬件产品。开发农用传感器与电子标签及配套的接口、农用终端；开发基于云计算的农村、农业电子商务综合服务平台，通过基础设施即服务（LaaS）、平台即服务（PaaS）、软件即服务（SaaS）三种形式为农村、农业电子商务、电子支付、物流配送提供一体化的公共支撑服务。

商务模式创新、管理创新、体制、机制创新相结合，研究制订我国不同层次的农村、农业电子商务平台模型及电子商务解决方案；将商务智能、数据挖掘、

知识处理、专家系统等智能化技术在农业、农村电子商务及服务业中的推广应用。研究东中西不同地区、农林牧副渔细分行业电子商务发展模式：政府推动，"政府＋企业"共同推动；"龙头企业（服务站、农业大户、农业经纪人）＋农户"模式；"特色农产品＋网络营销"；B2B2C模式、C2B（团购、群购）模式；海口电子农务模式；推广江苏"沙集模式"。研究推广农民网商的成功商务模式。

第六节　加快发展农村电子商务的措施

1. 建立与加强各级跨部门协调的工作机制

建立各级相关涉农部门（委办局）联席会议制度是可行的办法，每年1～2次联席会议，沟通有关农村、农业电子商务规划实施工作情况，研究解决实施中出现的问题。从政府到基层企业单位贯彻落实各级领导一把手原则，重点建立县、乡镇、村各级一把手领导责任制，把农村、农业电子商务列入领导考核内容。

2. 制定农村电子商务五年规划

各级政府要把农村电子商务列入五年规划重点内容并制定行动计划，着力营造发展电子商务的良好生态环境，加快电子商务服务体系建设。政府除了带头搞好电子政务及政府采购起表率作用外，主要精力要搞好电子商务的环境建设，营造良好的政策、法律、市场信用、与人文环境建设，特别要抓软环境建设，要抓好人文环境建设，把信息文化、信息文明（包括新商业文化、新商业文明）建设纳入精神文明建设内容，提高农民信息文化素质和信息文明水平。

3. 整合政府信息资源

整合资源，建立与完善面向农村的信息资源数据库系统，包括农产品生产加工、产品质量、市场营销、价格信息、有关政策法规、标准规范等数据库,实现数字化存储和信息资源共享。

4. 完善农村信息服务体系

依托乡镇村农业科技、农机、党员远程教育、文化图书等各种机构,联合有关协会、合作组织、农业经纪人、乡镇企业、种养植大户的力量,建立与完善农村信息服务站点,聘请专职、兼职农村信息服务员,及时为农民、农企提供信息服务。

5. 官产学研用结合,培养一批应用典型

培育一批乡镇电子商务应用示范典型,农业龙头企业、农产品批发市场、连锁超市电子商务示范典型,名优特色农产品电子商务交易平台、农村休闲、农业电子商务应用典型,要培植一批不同类型、不同投入产业比的各类电子商务示范样板。围绕重点农产品,建立一批跨区域、专业化的特色网站和交易平台,重点农产品种植养殖、生产加工、储运销售等各环节可追溯系统的建设和应用,提供农产品物流信息查询、智能配送、货物跟踪等物流信息服务典型,逐步推广。

6. 开展信息技术普及教育

通过各种途径和广播电视、网络、多媒体、报刊等多种手段,开展信息技术普及教育,普及电子计算机应用和电子商务知识,加强技术培训,提高农民信息意识文化素质,逐步改变人们的购物习惯和生活、工作方式,提高农村干部及农民网民、网商在农村人口的比重。

7. 加强软科学研究

制定农村、农业电子商务有关理论、战略政策等软科学研究计划,每年通过有关学会、协会组织研讨会,推动电子商务、信息化有关理论、战略政策等软科学研究,为各级领导决策提供依据。

第四章 移动互联网在农村电子商务中的应用

第七节 农村电子商务的应用案例

1. 淘宝电商（见图 4-4）

图 4-4 淘宝电商

以往的"腊八"这一天，山东省博兴县湾头村的村民会早早起床，打扫卫生，熬粥腌蒜，祭祀祖先。可今天唤醒湾头村的，不再是鸡鸣声，也不再是村民依湖捕鱼的古老作息，而是互联网上发出的"叮咚"声。这个有着几百年历史的村庄，已经踏上了电子商务的节拍，成了名副其实的"淘宝村"。如今村民们看重"腊八"，是因为当天网上有相关年货促销，而这直接关系着草柳编的销量。

湾头村是全国 20 个"淘宝村"之一，全村有 1 000 多个淘宝店销售草柳编工艺品，其中 80% 以上的店主都在 35 岁以下。在山东，像这样的"淘宝村"共有 4 个，集中在滨州市博兴县和菏泽市曹县大集乡两地。

上午10点，凌晨两点才睡的28岁的马耀飞刚刚起床。简单洗漱后，他径直坐到电脑前，开始了一天的工作，"叮咚、叮咚"，陆陆续续的买家提示音将会持续到深夜。

临近中午，守在网店前的安娜努努嘴："今天的销量并没有预期的好。"等待订单的间歇，安娜拿起单反相机，给新上的货品拍摄图片。这是她开店以来用的第二个相机。24岁的安娜是土生土长的湾头村人，滨州技术学院毕业后在济南做客服，每月收入只有1 800元，"这点工资仅够基本生活费"。在家人劝说下，2011年2月她最终选择在家门口创业。开网店的第一个月，她就净赚了6 000元，第二年就拥有了自己的私家车。现在她的网店已拥有150多个品种的产品。

但安娜几乎没有业余时间，她无奈地说："自己压力很大，每天都为订单着急，每个月光支付各种费用就有6 000多元"。由于长时间在电脑前保持同一姿势，年纪轻轻，她就已经患有严重的肩周炎，去年做了1个多月的刮痧治疗。"现在还是经常不舒服，不能长时间保持一个姿势"，她边说，边不时换换姿势。

中午12点到下午3点，这是"淘宝村"店主们一天最忙的时候，他们忙着下订单，写地址，打包。不曾停歇的"叮咚"声同样在离湾头村不远的"淘宝村"——顾家村响起。靠村新建的老粗布家纺城是博兴县大学生创业园，入驻220家商户中，其中100多家开有淘宝店。

经营老粗布之前，商铺店主王立军与妻子在北京、济南、淄博都待过，干过广告设计、室内装修。2013年初，王立军带着妻儿返乡开了淘宝店，开始推广他难以割舍的、也是父辈曾赖以为生的老粗布。

如今，他们有自己的生产车间，经营着4个网店。就在两周前，中央电视台主持人朱军联系到他们，在这里定做了几套唐装。"到时候给我几张他穿我们衣服的照片就可以了"，谈起名人在这里订制唐装的事，他显得很淡定。今年央视春晚剧组也在这里订制了2 000条红围巾，这些手感舒适的老粗布围巾将出现在2014年春晚的主持人和嘉宾身上。

与顾家村相隔400多公里的曹县大集乡丁楼村，"打工东奔西跑，不如创业淘宝""足不出户掌握天下商机，键盘轻敲完成四海交易"的类似标语在村口墙上随处可见。

23岁的袁哲初中毕业后，一直在上海的外贸服装厂打工，去年春节回家看到丁楼村的变化后，她不禁萌生了在家开网店的想法。现在她有两家淘宝店，平时自己只负责网上销售，拿到订单后就到村里拿货，然后通过快递把货发出去，平均每个月有7 000多元收入。"比以前挣得要多，和外面打工相比，我更喜欢在家里",她说,在丁楼村,和她有相同经历的还有很多人。

下午3点钟,湾头村57岁的张洪文正在院子里加工自家网店接到的订单,他只接受异形订制,所以并不是每天都有订单。2008年奥运会开幕当天,在儿子鼓励下,木工出身的张洪文开了自己的网店。

开店前,初中毕业的他对着墙上贴的汉语拼音表,花了一个多月才学会电脑打字。他习惯在一个老旧的明细簿上记下每个订单的详细要求,然后自己打出模具,由59岁的老伴来编。为了展示产品的纯天然材质,他甚至会以夏天的玉米地为背景来拍摄产品效果图。开店前,老两口晚上不到9点就会入睡,而如今,这对老夫妻每晚都会熬到十一二点,他们的生活已经离不开网络了。就连张洪文的老伴治疗骨质增生的进口药品,都是在网上订购的。

从下午4点开始,快递员就会成为"淘宝村"绝对的主角。"一直到晚上7点,是快递最忙的时候",湾头村的周曙光快速处理着厚厚一摞快递单。快递公司老板介绍:一开始自己也开网店,但后来发现村里做快递的太少,严重影响了自己包裹的发送速度,最终决定自己代理一家快递公司。像他这样做既开网店又做快递的商户在村里还有5家,店主都是30岁出头。现在,湾头村遍布着20多家快递公司和3家银行。

入夜,快递公司的货车纷纷出发,"淘宝村"再次变得安静起来。短暂放松后,是晚上10点到11点的网售小高潮。接近午夜,乡村的淘宝店主们才有了真正喘歇的机会,靠近丁楼村的一条小吃街也开始变得热闹,淘宝店主们三三两两聚在这里,享受着难得的惬意时光,而三年前这里还一片冷清。

2. 京东帮服务店(见图4-5)

那场颇为接地气的集体下乡"刷墙"之后,各大电商都虎视眈眈的四到六线市场如今已经成为各式乡村"服务站"建设的热土。这一次,阿里巴巴的口号是"千县万村",在3~5年内投资100亿元,建立1 000个县级运营中心和10万个村级服务站。而京东的"路子"是通过直营的县级服务中心和合作开设京东帮服务店这两种经营模式拓展,计划在未来3年让京东帮服务店完成"一县一店"的布局。

各大电商集体刷墙的时间点其实是始于2013年。而京东可以算是那一轮的下乡刷墙表现得最为高调的一个。按照京东透露的信息,该项目从2013年第四季度开始进行,2014年3月份基本完成,目前已经在全国145座城市落地超过

8 000幅刷墙广告。

图4-5 京东帮服务店

只不过，在享受刷墙这种广告形式带来影响力之前，各大电商企业需要先为其物流买好单。"对于刷墙揽来的新客户，如果当地的物流和服务做不到位，反而是砸自己的牌子。"有电商企业管理者向《第一财经日报》记者表达了自己的顾虑，"毕竟如今的家电连锁巨头仍然只能下沉到四线城市，真正涉及农村市场者寥寥无几。"

而京东帮服务站主要要做的"文章"就是大家电。按照京东方面的表述，京东帮服务店的定位是农村大家电"营销、配送、安装、维修"一站式服务，对内整合配送、安装、采销、市场资源，对外整合厂家授权网点、社会化维修站资源，统一纳入到京东帮服务网络体系中来。

对此，京东帮项目负责人张明说，京东帮服务店的开设，将结合商品、主干道物流、宣传、移动入口下沉，系统化解决家电下乡的"最后一公里"难题。

按照当下展示的信息，目前的京东帮服务店内部结构主要有三大块功能。一块是负责受理销售出去所有产品服务问题的服务区；另一块是网络下单区，帮助用户下单与培训客户注册购买；最后一块是针对农村市场，协同厂家做一些适合农村消费者的商品，并最终推荐给消费者。此外，京东帮服务店内部还有虚拟商品展示区。而这背后，京东对于京东帮服务店的规划是以"一县一店"的标准快速完成全国农村市场的网络覆盖。

值得注意的是，与从各地原有的京东配送站基础上升级而来、由京东自主经营的京东县级服务中心不同的是，京东帮服务店则采用合作模式运作。而据京东大件运营部总监程顺义介绍，京东帮全国站点在100天内突破400家，日均开店量达3家，单日开店最高达55家。

现在的京东帮服务店开店速度从数字展现上的确比较快，这本身也契合京东提倡的京东速度，而且这个发展过程里面每一个环节都有非常严格的审核要求。

3. 苏宁易购农村服务站（见图4-6）

图4-6 苏宁易购农村服务站

苏宁易购农村服务站第一家在江苏省宿迁市洋河镇正式开业，当日，盐城市龙冈镇的服务站也开门迎客，这是苏宁农村电商战略的重要一步。

据介绍，苏宁易购农村服务站内商品以二维码出样为主，涵盖了日用、百货、家电、3C产品、食品酒水、母婴美妆等多个品类，同时还摆放少量实物商品供当地居民体验试用。除销售商品外，服务站还将同时具备品牌推广、购物消费、金融理财、物流售后、便民服务、招商等六大功能。其中，仅便民一项功能就涵盖十大服务，包括为当地居民提供免费贴膜、免费充电、免费雨伞租借、免费热饭、免费网购培训、免费电脑装机杀毒、免费Wi-Fi、话费充值、代购车票机票、旅游酒店预订。

从上海苏宁方面了解到，苏宁易购服务站进驻了上海松江新桥镇，成为苏宁沪上首家自营的易购服务站。据新桥镇苏宁易购服务站站长表示，自营服务站店仅100平方米左右，面积远不如市中心的旗舰门店，但是触网之后，服务站的商品种类齐全。据悉，苏宁易购服务站将以会员服务为主，每日推出爆款产品。

据苏宁云商副总裁、上海苏宁总经理范志军介绍，苏宁易购自营服务站专门针对农村市场，具有灵活性强、便捷度高、服务范围广等特点，店内既有实体商品出样，又重点打造二维码、平板电脑、视频演示的虚拟出样，目的在于进一步培养三、四级市场消费者的网购习惯，发展会员群体。据悉，2014年起，苏宁便将原先三、四级市场的代购点、售后服务网点等进行改造升级，推出六大功能为一体的苏宁易购服务站，目前在全国已经有1 000多家。

随着近期苏宁易购多家自营服务站的开业，标志着苏宁农村电商发展进入自营跟加盟两种模式共同发展的阶段，县镇网络建设布局也全面加速。

新开业的苏宁易购自营服务站与原本加盟服务站模式相结合，自营服务站是苏宁易购在一个区域内的品牌形象店，承担了对加盟服务站的管理职能，在物流配送方面，扮演了加盟服务站商品中转仓的角色，自营苏宁易购服务站对分散的加盟苏宁易购服务站进行有效的管理整合，使得苏宁农村电商体系可以在一个区域内形成扁平化的有效管理网络。记者从上海苏宁了解到，除了上海地区，春节前又有多家苏宁易购服务站开门迎客，覆盖全国近20个省市。

苏宁的农村服务站网点布局推进迅速，苏宁相关人士表示，未来5年内，苏宁易购服务站将超过10 000家，覆盖全国四分之一的乡镇。范志军表示，5年10 000店的规划，将彻底打通三、四级市场最后一公里，抢占最后一百米，苏宁的实体布局也实现了大到苏宁广场、小到苏宁易购服务站的全方位网络覆盖，具有极大的战略意义。

苏宁易购服务站，是淘宝农村服务站和京东帮服务站之后，又一电商巨头进军农村电商的重要形式。

4．农村电子商务十大模式

地域性农村电商因为地域的差异，农村电商模式各有不同（见图4-7）。

（1）中国农村电商十大模式——浙江遂昌

2012年全县电商交易1.5亿元，2013年1月淘宝网遂昌馆上线，2014年"赶街"项目启动，全面激活农村电商。遂昌初步形成以农特产品为特色、多品类协同发展、城乡互动的县域电子商务"遂昌现象"。在初期的"遂昌现象"之后，遂昌探索的步伐并未停止，逐渐提升为"遂昌模式"，即以本地化电子商务综合服务商作为驱动，带动县域电子商务生态发展，促进地方传统产业特别是农

图 4-7　农村电商模式

产品加工业,"电子商务综合服务商＋网商＋传统产业"相互作用,形成信息时代的县域经济发展道路。

紧跟着,遂昌"赶街"项目的推出,推开了农村电商的破局序幕,"赶街"的意义在于:打通信息化在农村的最后一公里,让农村人享受和城市一样的网购便利与品质生活,让城市人吃上农村放心的农产品,实现城乡一体。

启示:多产品协同上线,以协会打通产业环节,政府政策扶持到位,借助与阿里巴巴的战略合作,依靠服务商与平台、网商、传统产业、政府的有效互动,构建了新型的电子商务生态,可以助力县域电商腾飞。

(2) 中国农村电商十大模式——浙江临安

浙江临安立足自己的优势产品——坚果炒货,背靠紧贴杭州优越的区位优势,大力推进县域电商的发展。2013年临安各类优质生态农产品产量为25万吨,总产值为51.5亿元,农产品电商销售突破10亿元。

临安积极开展城乡村企联动,其中农产品电商示范村7个,500万以上的38家电商企业销售总额达到5.65亿元,形成"两园多点",临安市电子商务产业园、龙岗坚果炒货食品园(城)、多个农产品基地(村)。

启示:线上线下相互配合齐头并进,"一带一馆＋微临安":阿里巴巴临安市坚果炒货产业带("天猫"平台)成为中国坚果炒货网上批发第一平台,"淘宝·特色中国—临安馆",集旅游、传媒、娱乐、生活、服务于一体的具有临安本土情怀的微信平台——微临安。

(3) 中国农村电商十大模式——浙江丽水

县域电商某种程度上就是一个栽梧桐的过程，有梧桐才能有凤凰。丽水的梧桐工程就是全力打造区域电商服务中心，帮助电商企业做好配套服务，让电商企业顺利孵化成长壮大，这是丽水农村电商的最大特点。

电子商务服务中心具备四大功能：主体（政府部门、企业、个人）培育、孵化支撑、平台建设、营销推广，承担了"政府、网商、供应商、平台"等参与各方的资源及需求转化，促进区域电商生态健康发展。

启示：丽水的建设模式为"政府投入、企业运营、公益为主、市场为辅"，要把政府服务与市场效率有效结合，吸引大量人才和电商主体回流。

(4) 中国农村电商十大模式——浙江桐庐

桐庐是杭州辖下的一个县，距离杭州市区只有80公里，是浙西地区经济实力第一强县，中国著名的物流之乡、制笔之乡，独特的区位优势为桐庐发展电商提供很好的支撑，2014年10月，阿里巴巴首个农村电商试点选择落户桐庐，为桐庐营造了良好的发展电商的行业氛围。

启示：桐庐具有良好的产业基础、电商发展态势，特别是物流方面，有村级单位物流全通的先天优势；也有良好的社会环境以及政府部门的政策支持，为电商的发展提供良好环境基础。

(5) 中国农村电商十大模式——河北清河

在河北清河，"电商"成了清河县最具特色的商业群体，清河也成了全国最大的羊绒制品网络销售基地。全县淘宝、天猫店铺超过2万家，年销售额达15亿元，羊绒纱线销售占淘宝7成以上，成为名副其实的淘宝县。

而在之前的传统产业时代，河北清河羊绒产业在竞争中近乎一败涂地。2007年开始在淘宝卖羊绒意外成功，随即一发不可收拾。在基础设施建设方面，该县不断加大力度，目前电子商务产业园、物流产业聚集区以及仓储中心等一大批电子商务产业聚集服务平台正在建设之中，清河正在实现由"淘宝村"向"淘宝县"的转型提升。

启示：在暴发中顺势而为，一是"协会＋监管＋检测"，维护正常市场秩序；二是"乳化中心＋电商园区"，培训提高，转型升级，全线出击，建成新百丰羊绒（电子）交易中心，吸引国内近200家企业进行羊绒电子交易；三是建立B2C模式的"清河羊绒网"、O2O模式的"百绒汇"网，100多家商户在上面设立了网上店铺;四是实施品牌战略,12个品牌获中国服装成长型品牌,8个品牌获得河北省著名商标,24家羊绒企业跻身"中国羊绒行业百强"。

(6) 中国农村电商十大模式——山东博兴

当2013年全国只有20个淘宝村的时候,山东博兴一个县就有两个淘宝村,这是耐人寻味的现象,2013年两个村电商交易达4.17亿元,一个做草编,一个做土布。博兴县将传统艺术与实体经营和电子商务销售平台对接,让草柳编、老粗布等特色富民产业插上互联网翅膀,实现了农民淘宝网上二次创业。

作为全国草柳编工艺品出口基地,博兴淘宝村的形成可谓自然长成,不仅货源充足,而且质量和口碑一直不错,电商门槛和成本都不高,更是易学和模仿。淘宝村的成功,进一步推动了本县传统企业的网上转型,目前全县拥有3 000多家电商,从业人员超过2万人,80%的工业企业开展了网上贸易。

启示:一是传统外贸的及时转型;二是要发挥人才的关键作用;三是产业园区与线上的结合;四是政府的及时引导与提升。

(7) 中国农村电商十大模式——浙江海宁

海宁是全国有名的皮草城,也一直追随网络的步伐推动电商发展,到2012年底海宁网商(B2C/C2C)已经超过10 000家,新增就业岗位40 000余个,网络年销量破百亿大关。

目前全市从事电子商务相关企业共有1 500余家,网商达2万家以上,注册天猫店铺780家,占嘉兴市天猫店铺总数的40%以上;上半年,全市实现网络零售额51.98亿元,同比增长11%以上,成功创建"浙江省首批电子商务示范市"和"浙江省电子商务创新样本",列"2013年中国电子商务发展百佳县"榜单第3位。

海宁电商进程中的问题是:①增长粗放,质量把控不严,主体小而散;②受经济大形势影响,销售总量急剧下滑,库存积压严重。

启示:以电商推动转型升级,一是引进人才,转换思维(烧钱后的反思);二是对接平台,整体出击(稳固国内,加强跨境);三是加强监管,保护品牌;四是园区承载,强化服务(六大园区先后投建);五是管理提升,升级企业(现代企业为主体)。

(8) 中国农村电商十大模式——甘肃成县

甘肃省成县县委书记李祥,在当地核桃上市前,他通过个人微博大力宣传成县核桃,"今年核桃长势很好,欢迎大家来成县吃核桃,我也用微博卖核桃,上海等大城市的人都已开始预订,买点我们成县的核桃吧",该条微博被网友转评2 000余次。

从建立农村电子商务,到微博联系核桃卖家,甚至展示成县核桃的多种吃法,在之后的日子里,李祥的微博内容没有一天不提到核桃,被网友戏称为"核桃书记"。

在李祥的带动下,全县干部开微博卖核桃,成立电商协会卖核桃,夏季卖的是鲜核桃,冬季卖的是干核桃,而且正在上线核桃加工品。以核桃为单品突破,打通整条电商产业链,再逐次推动其他农产品电商。

启示:一是将电商作为一把手工程,主导电商开局;二是集中打造一个产品,由点到面;三是集中全县人力物力,全力突破。

(9)中国农村电商十大模式——吉林通榆

吉林省通榆县是典型的农业大县,农产品丰富,但受限于人才物流等种种因素。通榆政府根据自身情况积极"引进外援",与杭州常春藤实业有限公司开展系统性合作,为通榆农产品量身打造"三千禾"品牌。同时配套建立电商公司、绿色食品园区、线下展销店等,初期与网上超市"1号店"签订原产地直销战略合作协议,通过"1号店"等优质电商渠道销售到全国各地,后期开展全网营销,借助电子商务全面实施"原产地直销"计划,把本地农产品卖往全国。

值得一提的是,为解决消费者对农产品的疑虑,通榆县委书记和县长联名写了一封面向全国消费者的信——"致淘宝网民的一封公开信",挂在淘宝、聚划算的首页,这一诚恳亲民的做法赢得了网友的一致称赞,很大程度上提振了消费者对于通榆农产品的信任感。

启示:政府整合当地农产品资源,系统性委托给具有实力的大企业进行包装、营销和线上运营,地方政府、农户、电商企业、消费者及平台共同创造并分享价值,既满足了各方的价值需求,同时带动了县域经济的发展。

(10)中国农村电商十大模式——陕西武功

陕西省武功县是传统农业县,农产品"买难卖难"问题一直困扰着农村经济的发展。为破解这一难题,武功县政府积极发展电子商务,探索"买西北、卖全国"的模式,立足武功,联动陕西,辐射西北,面向"丝绸之路"经济带,将武功打造成为陕西农村电子商务人才培训基地、农村电子商务企业聚集地、农产物流集散地。

武功县目前已经成为陕西省电商示范县,先后吸引西域美农、赶集网等20多家电商企业入驻发展,300多个网店相继上线,全县电商日成交量超万单,日交易额达100多万元;10余家快递公司先后落地,农村电商试点在14个村全面启动,让电子商务真正走进农村、惠及百姓。

启示:一套领导机构;两个协会统筹协调;把握运营中心、物流体系、扶持机制三个关键;搭建电商孵化中心、产品检测中心、数据保障中心、农产品健康指导实验室四大平台,;免费注册、免费提供办公场所、免费提供货源信息及个体网店免费上传产品、免费培训人员、在县城免费提供Wi-Fi等五免政策。

通过对中国农村电商十大模式的分析,可以看出一个显著的特点就是产品为先,围绕着现有资源最大化的利用,打造地方品牌特性。

第五章 移动互联网在农村教育中的应用

第一节 移动互联网教育概述

1. 移动互联网教育发展背景

大数据和教育资源相结合,是互联网时代科技带给教育的新思路,移动互联网的兴起,使移动学习迅速地进入人们的视野。随着云时代的来临,大数据的概念被越来越多的人关注。根据某著名投资公司的一份名为"数字宇宙"的报告,预计到2020年全球数据使用量将会达到35.2 ZB。如此海量的数据,处理和提纯数据的效率将成为一种核心竞争力。

教育资源的信息化联盟,就是要通过互联网把教育资源进行数据整合和优化配置,让优质教育资源形成一种流动的良性循环,让分享和贡献资源的渠道越来越多,让学习资源发挥的效用越来越大,受用地域和受用人群越来越广,最终形成一个互通有无、交流共享、共同提升的教育资源信息化联盟。在这个联盟中,学习者可以通过文字、图片、音视频等不同方式实现知识学习的目的,教学者可以通过多元数据库工具、远程教学平台、多媒体教学设备实现教学管理的目的,而更加人性化、个性化的交互式网络课堂也将在这个联盟中起到关键性作用。

教育专家指出，优质的学校、教师和教学资源的共享，将是这个联盟最大的价值所在，尤其对于那些经济欠发达、缺乏教育设备和优秀师资力量的地区，这样的网络平台会成为他们弥补知识技能、缩小地域知识文化水平差距的有力武器。

移动互联网教育掀起的热潮基于移动终端智能化的普及（见图5-1）。据工信部数据显示，2017年3月，移动互联网用户净增1 394.1万户，总数达到8.17亿户，其中手机上网用户占96.4%。

图5-1 移动互联网教育场景

从用户的需求和其利用移动终端上网的行为习惯来看，人们的碎片化时间成为关注焦点。与此同时，职业培训需求的大幅增加、学习提升渠道的多元化选择等，让越来越多的人通过移动终端获取信息、学习知识、提升技能。另一方面，智能手机的普及，让移动教育应用有了大展拳脚的机会。这些初始基因给移动互联网教育的发展奠定了基础。如何将大数据技术融入移动教育，将是未来技术、行业、市场与资本共同关注的核心。

移动教育的核心是碎片化学习，对于单一应用的开发可能会成为很多人进入移动互联网教育的一个入口。专家还表示，如何通过创新的移动学习应用产品满足人们对于情景式、互动式的学习需求，同时，如何利用碎片化的短时间来学习成体系、成系统的知识章节，为人们提供学习的"掌中宝"，这都是对未来移动教育的挑战。

2. 移动互联网给教育带来的影响

①移动互联将成为教育信息化的主旋律,"移动－开放－参与"将成为教育网站、教育软件、教育资源库、教育技术的核心关键词。

②中国式的"翻转课堂"教学策略,将成为"1对1"数字化环境(如电子书包项目、智慧教育项目、数字化校园项目等)的必然选择(不是简单照搬国外"翻转课堂"模式,而是需要中国的教师根据自己的国情、校情创造性地发展适合中国色的信息化教学策略)。

③微课程(微课)是组成中国式的"翻转课堂"教学结构的重要元素,各地教师将会创造性地发展多种模式、多种方法、多种创意的微课程。

④融合移动互联、"翻转课堂"教学策略、微课程(微课)、学习分析系统等的课程管理系统将受到学校和一线教师的欢迎。

⑤越来越多的教育应用软件(特别是移动APP、智能教育软件等)将会逐步被学校和教师在教学中采用,特别值得关注的是基于微信的课程管理系统、学校管理系统、丰富多彩的教育类应用APP将会大量涌现,从而深刻地影响教育教学。

⑥2014年,影响全球教育信息化发展趋势的新媒体联盟,将可能正式出版中国版的《地平线报告》,介绍在中国发生的教育信息化变革。

3. 移动互联网对课堂教育的影响

中国教育正进入到一场基于信息技术的更伟大的变革中。教育"互联网＋"意味着教育内容的持续更新、教育样式的不断变化、教育评价的日益多元。

"互联网＋课程",不仅仅产生网络课程,更重要的是它让整个学校课程,从组织结构到基本内容都发生了巨大变化。正是因为具有海量资源的互联网的存在,才使得中小学各学科课程内容全面拓展与更新,适合中小学生的诸多前沿知识能够及时地进入课堂,成为学生的精神套餐,课程内容艺术化、生活化也变成现实。

"互联网＋教学",形成了网络教学平台、网络教学系统、网络教学资源、网络教学软件、网络教学视频等诸多全新的概念,由此,不但帮助教师树立了先进的教学理念,改变了课堂教学手段,大大提升了教学素养,而且,更令人兴奋的是传统的教学组织形式也发生了革命性的变化。正是因为互联网技术的发展,以先学后教为特征的"翻转课堂"才真正成为现实。同时，教学中的师生互动不再流于形式，通过互联网，完全突破了课堂上的时空限制。学生几乎可以随时随地随心地与同伴沟通，与老师交流。在互联网天地中，教师的主导作用达到了最高限度，教师通过移动终端，能即时地给予学生点拨指导，同时，教师不再居高临下地灌输知识，更多的是提供资源的链接，实施兴趣的激发，进行思维的引领。

"互联网＋学习"，创造了如今十分红火的移动学习，但它绝对不仅仅是作为简单的即时随地可学习的一种方式而存在的概念，它代表的是学生学习观念与行为方式的转变。通过互联网，学生学习的主观能动性得以强化，他们在互联网世界中寻找到学习的需求与价值，寻找到不需要死记硬背的高效学习方式，寻找到可以解开他诸多学习疑惑的答案。当互联网技术成为学生手中的利器，学生才能真正确立主体地位，摆脱学习的被动感，自主学习才能从口号变为实际行动。"互联网＋学习"，对于教师的影响同样是巨大的，教师远程培训的兴起完全基于互联网技术的发展，而教师终身学习的理念也在互联网世界里变得现实，对于多数使用互联网的教师来说，他十分清楚自己曾经拥有的知识，是以这样的速度在锐减老化，也真正懂得"弟子不必不如师，师不必贤于弟子"的道理。互联网不但改变着教师的教学态度和技能，同样也改变了教师的学习态度和方法。他不再以教师的权威俯视学生，而是真正蹲下身子与学生对话，成为学生的合作伙伴与他们共同进行探究式学习。

"互联网＋评价"，这就是另一个热词——网评，在教育领域里，网评已经成为现代教育教学管理工作的重要手段。学生通过网络平台，给教师的教育教学打分，教师通过网络途径给教育行政部门及领导打分，而行政机构也通过网络大数据对不同的学校、教师的教育教学活动及时进行相应的评价与监控，确保每个学校、教师都能获得良性发展。换句话说，在"互联网＋"时代，教育领域里的每个人都是评价的主体也是评价的对象，而社会各阶层也将更容易通过网络介入对教育的评价。此外，"互联网＋评价"改变的不仅仅是上述评价的方式，更大的变化还有评价的内容或标准。例如传统教育教学体制下，教师的教育教学水平基本由学生的成绩来体现，而在"互联网＋"时代，教师的信息组织与整合、教师教育教学研究成果的转化、教师积累的经验通过互联网获得共享的程度等等，都将成为教师考评的重要指标。

4. 移动互联网教育应用模式

①课堂形态把传统的在线视频教育功能转移到移动端上，可以说是移动版的

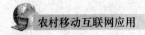

网校。

②专用模式要做成专用的 APP，并不是通用模式的 APP。要有针对性的目的，比如是单词类的一种应用。

③扫题该款 APP 是可以支持一扫就可以知道一道问题的答案。现在国内也有很多类似的这种应用，成为学校学生抄答案的利器。

④专业的答疑。该类 APP 是可以支持拍照上传之后，可以有老师真人通过 APP 解答。

⑤学习机。学习机从十年前简单的学习机到现在都是基于平板电脑学习机发展。

⑥订阅微信课程，比如学英语，可以订阅外国人录制的大概一分钟的小视频，通过生动有趣的视频使学习变得生动有趣。它的制作模式非常简单，作为学院的增值服务还是非常好的。

⑦游戏化学习的模式，它本质上还带有一些学习色彩，这种方式的移动 APP 数量还不多，主要集中幼儿产品上，但在中学生和成人基本上还处于比较枯燥的视频学习这种方式。

第二节 移动互联网在教育中的具体应用

移动互联网技术的出现，有力地保障了信息的高效传递和即时互动，将学校教育、家庭教育、社会教育、自我教育四者有机结合在一起，为教育提供了全面立体的信息服务支撑。

1. 即时通信

如何使学校教育与家庭教育完美结合，实现教师、家长、学生之间的良性及时互动，是摆在社会面前的一项重要课题。以手机等移动终端为载体的即时通讯应用能够很好地解决该课题。

①家校互动系统是根据学校的组织架构搭建的，通过短信、彩信、互联网等

形式，教师向家长传递孩子的在校表现等信息并解答家长的咨询，家长向教师咨询孩子教育方面的问题。此系统使教师和家长能够围绕孩子实时沟通，及时发现并解决问题。

②通过飞信、QQ群等即时工具，根据需要建立群组，使教师、家长、学生相互之间能够及时沟通。

③在线咨询：通过设立专家咨询服务，通过短信、彩信、互联网形式，教师、家长和学生能够及时咨询专家，答疑解惑。

2. 物联网

物联网是传感网与互联网、移动通信网三网高效融合的产物，是典型的移动互联网技术。

①物联网在教育管理中可以用于人员考勤、图书管理、设备管理等方面。例如，带有RFID标签的学生证可以监控学生进出各个教学设施的情况以及行动路线。又如，将RFID用于图书管理，通过RFID标签可方便地找到图书，并且可以在借阅图书的时候方便地获取图书信息而不用把书一本一本拿出进行扫描。将物联网技术用于实验设备管理，可以方便地跟踪设备的位置和使用状态等。

②物联网在校园内可用于校内交通管理、车辆管理、智能建筑、师生健康、校园安全、学生生活服务等领域。例如，在教室里安装光线传感器和控制器，根据光线强度和学生的位置，调整教室内的光照度。控制器也可以和投影仪或窗帘导轨等设备整合，根据投影工作状态决定是否关上窗帘，降低灯光亮度。又如，在校内有安全隐患的地区安装摄像头和红外传感器，实现安全监控和自动报警等。并可通过给学生配置内置RFID的学生卡，孩子一入校、离校，家长就会立刻收到一条标明学生卡号和入、离校时间的短信。学校也可以对学生到课情况进行考勤分析，同时还可以对学生在校园的行踪进行监控，设立校园安全控制区域，减少校园安全事故的发生。

3. 微博

微博的便捷性、开放性、互动性、群聚性、及时性、自由性等特点使得它在教育信息化应用上有着独特的优势。

①微博增进了学校与家长间的交流、沟通、互动。利用微博快速传播信息的特性，可以让教师随时把学校的通知、学生的作业通过微博发布。家长可以关注

教师的微博，通过手机或计算机及时获取这些信息，提高教师的工作效率。家长有任何问题也可以通过微博与教师互动，有效提高家校互动的效率和降低沟通成本。

②微博搭建了一个学习交流平台，让教师、学生随时都可以相互交流，能有效提高学生的学习兴趣，提升教师的教学水平。虽然身处课堂之外，学生仍处于一个大的虚拟学习环境中，这样可以有效地促进学习。

③微博为锁定各种兴趣群提供了便利。例如，可以创建"数模竞赛群""奥数群""英语天地"等各种微群。微群是一个相对封闭的圈，信息的发布和接收更具有针对性，组员的积极性更高，交流互动更频繁，学习的效率自然就会更好。

④微博还可以用来管理班级。班级微博由班主任创建，班主任是超级管理员，班长是管理员，班级管理主要包括发布班级通知、发起班级投票、添加更改班级日历行程、添加班级课程表、添加班级通讯录、建立班级信息档案、上传和管理班级各种电子资源，普通班级用户只有浏览和下载的权限。

⑤微博便于学校信息的发布。教务处可以通过微博发布各种教学通知、教学文件等；教室运行部可以通过微博发布自习室开放楼层及教室的空余座位信息等；图书馆可以借助微博平台发布新书信息、学术交流和讲座、借阅提示、信息咨询、图书检阅等各种个性化的服务；就业部门可以通过微博发布就业信息、就业指导等。

4. 同步课堂

通过手机短信、宽带互联网两种方式提供辅助教学服务，以"同步"为核心，紧密配合课堂教学，使家校双方配合更密切，帮助孩子提高学习能力，提高学习成绩。

①教师按照教学进度通过同步课堂向学生、家长推送教学辅导资源，同时向家长发送辅导短信。

②家长通过辅导短信及登录同步课堂平台了解孩子的学习进度、学习的重点、难点和辅导方法，有效地指导孩子进行预习和复习。

③孩子在家长的指导下，在同步课堂平台上学习与课堂教学同步的教学辅导资源、进行同步检测等，综合满足沟通、成长、应试等核心需求。

5. 移动办公

通过搭建移动办公系统，学校的管理人员、教师可以通过手机等移动终端随时随地办公和接收邮件，提高工作效率。

第三节 移动互联网在农村教育的探索

打破时空限制的互联网技术为教育资源薄弱的农村地区带来了新的希望，而参与其中的各种力量则为之注入了新的活力（见图5-2）。

图5-2 云南西双版纳龙林小学的孩子们在上网络直播课

大屏幕两端，相隔千里的学生和教师隔空上课和互动，这种互联网教育新模式在中国落后的农村地区已成为常见的场景。在向乡村输送优质的教育资源、弥补乡村教育的师资及课程资源不足方面，互联网发挥了重要的作用。

"互联网一定会为乡村教育带来颠覆性、跨越式的发展，但在技术和模式方面，还需要更多的探索和尝试。"中国教育科学研究院基础教育研究所副研究员张杰夫在接受《瞭望东方周刊》的记者采访时说。

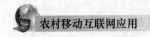

在张杰夫看来,这种探索,在教育信息化进入 2.0 时代、互联网因素亟须在乡村教育改革中适时发挥作用的当下,显得更为紧迫,也更有价值。

(1) 化"零和"为"双赢"

20 世纪 90 年代末开始,随着信息技术的兴起,互联网开始作为一个新的要素介入到教育的发展和改革中,教育信息化成为新趋势。

对于教育基础薄弱的农村地区,信息化手段显得尤为迫切,因其可以突破教育资源分布不均的限制,让农村学生也能享受到优质师资及课程。

首先是教学设备及基础网络不断改善,随着电子白板、教学一体机、电脑、投影仪等设备陆续进入乡村学校,基础设施的短板被逐渐补齐。

囿于技术的发展,最初的网络教育主要采用录播模式——企业与名校名师合作,将录制好的名师课程通过互联网销售出去。这种模式下,曾诞生了一批知名学校的网络版本,如曾红极一时的 101 网校和北京四中网校。

"录播模式作为一种单向输出的授课模式,缺乏互动,也无法为学生进行更多个性化的答疑解惑与辅导,因而效果并不理想。"互联网教育研究院院长吕森林告诉《瞭望东方周刊》的记者。

因此,在近十年的时间里,互联网教育始终未能实现规模化发展。"一批网校的衰落便是最好的说明。"吕森林认为。

直到 2015 年下半年,直播模式逐渐成为互联网教育的主流。教师通过网络直播平台直接向学生进行远程授课,既可根据现场实时调整课程的内容,又可以和学生互动交流。

这种模式获得了市场的认可,2016 年被称为网络课程的直播元年,直播的模式被普遍采用。

但直播模式也有明显的缺陷:线上老师在有限的时间内教授课程,无法完全介入线下教学场景,学生们仍然无法得到充分的答疑解惑及督导;而线下的老师在线上直播教学的场景中也找不到自己的位置。

"一些公立学校,尤其是乡村学校会担心实行远程教学后,线下教师是否会被替代,该如何安置他们,怎样定位他们的角色。"张杰夫说。

这阻碍了网络直播优质课程走进公立学校。

2017 年,"双师"模式出现了。通过重构学习场景,"双师"模式将线上和线下资源结合:在线上,互联网教育企业在一线城市汇集优质的教师资源,负责远程授课;线下则有一位助教负责做好学情分析、答疑解惑、维持秩序、批改作业等工作,辅助线上教师完成教学任务。

第五章 移动互联网在农村教育中的应用

"双师"模式从技术上解决了直播教学模式的缺陷,更为重要的是,它化解了线上线下师资的"零和"矛盾,促成了两者相辅相成的"共赢"局面。

客观上,这为互联网教育的普及扫清了障碍。

(2)互联网直播教学接入课堂

"'双师'模式兴起后,市场一下子被激活了,很多教育机构都在根据自身的特点和定位,开始通过互联网向乡村输送教育资源。"21世纪教育研究院副院长王雄在接受《瞭望东方周刊》的记者采访时表示。

2015年,互联网教育平台——沪江教育科技(上海)股份有限公司(以下简称沪江)启动了针对乡村学校的公益项目"互+计划"。在传统的派志愿者去当地支教的模式下,由于资源力量有限,该计划最初的帮扶对象只有一个——位于四川的一所只有10名学生的山村小学。

2016年,在一次农村小规模学校(学生人数在100人以下)教师培训课上,沪江首席教育官吴虹了解到,全国有超过11万所小规模学校。

"如果一家家去帮扶,是一项多么庞大的工程,什么时候才能完成啊!"吴虹对《瞭望东方周刊》记者感叹道。

"互+计划"团队意识到,必须改变模式。经过讨论,大家认为应该利用互联网实现迅速覆盖。

在与小微学校交流的过程中,"互+计划"团队了解到,这些学校最缺的是音乐、美术等艺术课程的教师,希望能够通过网络首先把这些课程开起来。

于是,沪江与四川广元微型学校发展联盟合作,由后者提供专业教师资源,沪江通过直播技术和平台,将音乐、美术等课程接入了联盟内18所微型学校。这被称为美丽乡村网络公益课堂。

专业音乐、美术教师在远程上课,小微学校的老师们也没有闲着,在线下组织课堂、维持秩序、配合线上教师做课前准备,自己也同步学习视频中教师的授课方法。

随着美丽乡村网络公益课堂的覆盖范围不断扩大,许多公司也加入进来,如上海夏加儿教育科技发展有限公司、鲨鱼公园、彩虹花和阅汇、酷思熊等儿童素质开发机构等。据了解,目前共有30多家机构和公益组织参与其中。

河南省三门峡市教育局对沪江的"双师"授课的网络公益课堂非常重视。如今,每学期开学前,当地各县区教育主管部门都会将各中小学的校长召集在一起,和"互+计划"团队介绍网络公益课堂的授课模式,制定统一的网络课程的课表。

数据显示：截至 2017 年底，美丽乡村网络公益课堂已经覆盖全国 10 多个省，接入 1 000 多所农村中小学（见图 5-3）。

图 5-3　河南濮阳城关镇黄彬小学的孩子们在课堂展示美术作品

（3）"双师"课堂走红乡村

新东方集团于 2017 年刚刚组建的互联网教育平台——北京双师东方教育科技有限公司（以下简称双师东方），既有课程直播技术，更是优质内容的生产者。

目前双师东方不仅通过旗下的"双师"学校向三四线城市拓展市场，也通过公益项目，向贵州、四川、河北等偏远山区或经济发展落后的县城高中进行优质课程输送。

双师东方 CEO 冯大为在接受《瞭望东方周刊》记者采访时表示，新东方每年都会派优秀教师到偏远地区进行为期 2 周左右的支教活动，从 2017 年开始，"双师"模式开始成为新东方帮扶乡村教育的重要选择。

目前，通过双师课堂，双师东方的网师正在为偏远和贫困地区的 2 000 多名高三学生进行课业辅导。"涉及 3 个省、7 个县，湖北有 2 个县很快也会接入。"冯大为补充道。

具体来说，双师东方负责提供优秀的授课教师，当地学校则负责配置网络直播课程的设备和教学场地。课堂教学采用"双师"模式。

在冯大为看来，新东方最大的优势就是师资。这些来自一线城市、毕业于名牌大学的网师们的知识储备、授课能力、教学风格,乃至答题技巧、临场应变的把握程度,都非常值得偏远贫困地区的教师学习。

"2017年春,我们在四川的康定等几个地方进行了尝试。当时只上了几次课,高考时一些学生的成绩提升就非常明显。"冯大为表示。

公益机构"支教中国2.0"也在尝试通过互联网,采用"双师"模式向乡村学校输送教育资源。其负责人朱隽靓告诉《瞭望东方周刊》记者,"支教中国2.0"既向农村中小学提供网络课程直播所需的基本设备,也会招募到志愿者,按当地小学的课程表,教授孩子们美术、音乐、科学等课程。

"与其他机构大规模授课不同的是,我们每位志愿者都只固定为一所农村小学的一个班级上课。"朱隽靓说,这样安排主要是考虑农村儿童大多缺乏感情的互动、陪伴和交流,"我们希望生活在城市里的远程教师对孩子们来说是一个可以信任、倾诉和交流的对象。"

第四节 移动互联网在农村教育中的应用案例

1. 中国移动互联网+教育示范学校

近年来,西双版纳傣族自治州勐海县不断加强"互联网+教育"的推进力度,依托中国移动的网络、技术、平台等优势,从教育产品、校园专网、教育平台等多个层面系统推进教育全方位信息化,建设了布朗山乡27所中小学一体化教育扶贫信息化项目,该项目还荣获"2017全国教育扶贫优秀案例",有力提升了山区教育信息化及现代化水平,推动优质教育资源共享步伐。

百年大计,教育为本。现代社会中,随着信息技术的飞速发展,以计算机为代表的信息技术正成为改变基础教育发展方向的一种重要力量,推动了教育创新进程,深化了教育改革力度。早在2016年2月,中国移动云南公司西双版纳分公司与勐海县人民政府签订了"互联网+"战略合作协议,双方在教育信息化方面开展长期合作。

"要想富口袋，先要富脑袋"，这朴实的一句话却道出了"互联网＋教育"项目推进的难度和艰辛之处。正是因为知道信息通信这条"数据高速公路"对提升当地教育信息化水平起着至关重要的作用，结合勐海县地广人稀、原始森林连绵、路窄山高等地形环境和偏远山区基础条件差的实际情况，2016年3月，中国移动云南公司勐海分公司与勐海县教育局签订"互联网＋教育合作协议"，在勐海县布朗山乡开展全方位的教育信息化和脱贫攻坚信息化推进。

布朗山乡位于勐海县南部，全乡土地面积1 000.66平方公里，占勐海县1/5的土地面积。全乡设有1所九年制学校、24个教学点，183名教师，2 417名学生。网络建设面临教学点分散，山区环境差的困难，经过多次的调研及摸底调查，中国移动云南公司勐海分公司规划了建设方案，派出经验丰富的技术团队，仅用了半年多时间，圆满完成了互联网专线的建设任务，为布朗山乡1所九年制学校、24个教学点提供百兆互联网专线，实现班班通宽带。针对较为偏僻的教学点，中国移动云南公司勐海分公司还新增建设了15个4G基站，集中资源覆盖中国移动4G网络，为全乡师生、家长提供优质通信服务。不仅如此，中国移动云南公司勐海分公司不断丰富充实优质数字教育资源和完善平台功能，从教育产品、校园专网、教育平台等多个层面系统推进教育全方位信息化，为全乡2 400余名师生、家长开通教育资源云平台和"和校园"人人通平台服务，提供优质教育资源和学习空间。此外，还为全乡学校和教学点接入57块电子白板，通过教育资源云平台的接入，不断丰富全乡教育资源公共服务平台的支撑服务水平。

布朗山乡九年制学校校长岩温点对"互联网＋教育"的推进赞不绝口。他表示，学校于2017年9月接入了中国移动互联网专线后，在学生管理、教学工作、教学方式、教师培训学习等多个方面有了质的飞跃。

岩温点表示，学校共有1 100个学生，其中140名为走读生，以前在学生管理上面临很大困难，每周周四，都需要班主任一一打电话联络家长来学校接学生，周日晚上再一一核实学生是否到校，非常麻烦。现在，学校所有师生及家长都开通了中国移动"和校园"，学生管理变得智能化、简单化，可以通过定位系统等技术手段实现学生在校期间的一系列信息化管理，全面监控学生离校、进校、在校等活动轨迹，学校还通过"和校园"开展班务管理、信息发布、班主任通知、学生成绩、放假通知、学习方法、宿舍管理等管理，有效减轻学校管理负担。而在教学方面，"互联网＋"的促进作用更大，通过云平台和"和校园"人人通平台，老师们可以和城市里的老师一样，同步分享网络上丰富的"云资源"教育资源，下载自己感兴趣的教案，同时将电子白板应用于课堂教学，大大提高

第五章 移动互联网在农村教育中的应用

了老师上课的效率，增加了课堂趣味性，遇到抽象概念和知识点，还可以通过视频、图片全面展示知识点。此外，交互式多媒体教学系统对山村的老师来说非常重要，系统中的语音功能解决了英文老师发音不标准的问题。

周兴渤是布朗山乡九年制学校办公室主任，作为一名年轻的教师，他对布朗山教育环境的改善感受颇深。他表示，随着各项"互联网＋教育"项目的推进，越来越多的年轻教师愿意留在这儿支教，有了网络，与外界亲戚朋友、同学同行沟通交流不再是障碍，教学上的进步及提升也有了渠道和平台支撑。

为顺应教育信息化发展趋势，中国移动云南公司勐海分公司在详细了解每个教学点对宽带需求后，跟进布朗山乡教学点数量并递送了教育专网方案，最终实现全乡1个中心学校24个教学点整体接入教育专网。通过互联网加速实现优质教育资源共享，提高山区教育信息化整体水平，为义务教育均衡发展起到助力作用。

"通过一系列网络基础设施、电子白板接入、云平台的应用，我们学校成了中国移动"互联网＋教育"示范学校，学校网络教学质量有了明显提升，教师培训、学习和提升上有了长足进步，学生们的视野及眼界也开拓了不少"。布朗山乡晏果村委会南很教学点校长李晓赋表示。

2. 远程网络课堂

上午9点半，湖北麻城师范附属小学的美术老师李霞正在该校启智楼的录播教室，给麻城市白果镇詹集教学点的8名一年级学生上课。这是为落实黄冈市利用互联网开展教育扶贫，专门为该校对接帮扶的乡村教学点的孩子开展的"专递课堂"。

教室里有两个红外摄像头，一个在黑板上方，一个在黑板对面墙上，两个镜头将捕捉到的信号传送到乡村教学点。李霞老师正在教孩子们欣赏关于雨的图片，黑板里嵌着一台电视机，屏上的图片不时变换着，她一会儿指着图片讲解，一会儿在黑板上画画，一会儿转身对着讲台前大约2 m处一台电视机里8个孩子亲切提问，电视机里不时传出孩子们稚嫩的声音。

当日11时许，在詹集教学点的多媒体教室里，那8个孩子还在享受"专递课堂"，班主任朱俊平老师在一旁辅导。这会儿换成了语文课，麻城师范附属小学的李海燕老师正在重点讲拼音，黑板上的电视机里，老师清晰可见，卷舌音和后鼻音在窗外也听得十分清楚。

麻城师范附属小学校长黄寅兵介绍，这种"专递课堂"始于2015年秋季，针对乡村学校地处偏远、师资薄弱等情况，为让城乡的学生享受同等教育，帮助农村教点开齐、开足、开好课程，黄冈市安排麻城城区的几所学校划片对农村教学点利用网络进行支持。该校对接了白果镇詹集和芭岩两个教学点的一年级。从该校张贴在录播教室门外的春季课程表上看到，主要有语文、数学、美术、音乐四科。

李霞说，通过这种现代化课堂给陌生小朋友上课，她比平时上课想得更多更远，自己也得到了提升，看到他们学生很认真，自己很感动，油然而生更重的责任感。

麻城思源学校也对接了乡村教学点，该校团委书记雷志国介绍，前期在湖北电信麻城分公司的支持下，已经完成了校内班班局域网建设和录播教室建设，老师们都对网络化远程支教很积极，现在学校80%的老师都在练习使用校内"班班通"平台进行多媒体教学和为帮扶教学点的孩子录制一些视频课程。

远程"专递课堂"要顺利授课，对声音和画面的要求很高，须有高速宽带保证。为此，湖北电信黄冈分公司独家承接当地百兆光纤宽带建设，2016年投资为黄冈教育局搭建了教育云平台，能够适时远程视频连接，家校沟通，还有校内班班通，让老师、家长、学生都能随时随地使用。

第六章 移动互联网与农村金融

第一节 农村互联网金融概述

1. 背景

2014年11月21日,中国人民银行宣布,自11月22日起下调金融机构人民币贷款和存款利率,金融机构一年期贷款基准利率下调0.4个百分点,一年存款基准利率下调0.25个百分点。其中,存款基准利率上浮1.2倍还是3.3%,成本不变;贷款基准利率减少0.4%,售价下降。不对称降息的目的,起的是泄洪的作用,把现金流放到市场上,通过降低售价降低中小企业融资难度,旨在形成"鲶鱼效应",扭转经济下行的趋势。

首先,降息给中小企业理财产品带来一个难得的窗口期。目前,中小企业大多活跃在四五线城市以及二三线城市的城乡接合部。之前,中小企业贷款和理财只能在银行理财产品和存款中徘徊,降息政策出台后,一方面在未确定的监管政策下,降息一定程度上缓解了P2P平台身上的道德压力。另一方面,和资金面挂钩的货币基金收益率下行,让证券基金、保险基金等更灵活的企业级理财产品随之受益。例如,91金融跟泰康资管合作的增值宝2号,和海通证券合作的增值宝3号。

其次，降息意在让中小企业成为拉动经济增长的"鲶鱼"，刺激"鲶鱼"的"鲶鱼"在农村。中小企业贷款受阻受限于银行的标准过高，尤其在农村市场，中小企业的信用情况比城市更加破碎，不完整。相反却在数据上，农村市场具有互联网金融的先天基因。

据阿里称，"双11"期间，农村市场的交易额已占10%。电商交易数据的背后，不受重视的理财需求或引来一场爆发。降息将加速互联网金融渠道下沉的速度，在这个背景下，"城市包围农村"或许将重新回归到"农村包围城市"的轨道上来。

最后，降息或让A股成为检验互联网金融IPO的"晴雨表"。短期内，降息让A股大盘上涨。长期来看，阿里、京东、新浪等互联网公司先是逃离A股，却在金融布局上，蚂蚁金服、新浪微财富、京东金融等均谋求分拆，以回归A股。

除了巨头的分拆上市计划，91金融2016年A股上市等或让未来的农村市场呈现三足鼎立的局面。其中，电商起家的蚂蚁金服、京东金融，流量起家的新浪微财富、搜狐金融，融资起家的91金融等在农村市场进行利益的再分配。因此，2016年将是检验互联网金融三股势力的一个关键之年。

总之，降息是互联网金融发展的一个红利，但不是最大的，最大的红利应该是加速监管。A股大局未定，在存款利率上限不变的情况下，降低了借款基准利率，实际上是减小了存贷差，用削减银行利润的方法解决小微企业融资的燃眉之急，但在战略上降息实属于杯水车薪，解决中小企业融资难的钥匙本质上还得靠农村互联网金融的发展。

2. 互联网金融在农村的发展

目前，互联网金融企业在农村市场的发展方式有几种：一种是随着电商渠道下沉卖金融产品服务，典型的如阿里和京东；一种是个人放贷，踩在法律红线之上的宜信和不断靠加盟店扩张的翼龙贷；一种是线下直营为主，和传统券商合作为辅的91金融超市等等。

这里不分析几种模式的优缺点、法律风险、加盟风险等，跳出模式好坏之分，农村发展互联网金融还需要面对农村地域辽阔，农民以及中小企业理财教育，以及O2O落地的信任背书等诸多挑战。

农村市场就好比传统汽车市场，以特拉斯为代表的电动汽车厂商与传统厂商竞争不是你死我活的"零和"博弈，而是开放竞争的生态系统。在农村，首先要解决的就是如何让更多互联网金融企业参与竞争，其次才是解决分蛋糕时的三个门槛。

第一个门槛是线下到达能力。这种到达有两种含义，一种是进店服务，另一种是买到产品。中国的农村地域辽阔，互联网金融大多局限在一、二线城市。互联网金融不是存款搬家，也不是开直销银行，而应该是把传统银行解决不了的服务拓展到线下。

另外，开辟线下店不是为了客流量，也不是为了转化率，更重要的意义在服务上。例如，延庆原来是没有北京银行服务网点的，91金融开了一家线下店，那样买不到北京银行理财产品的人就可以买到。

第二个是用户教育，城市与农村互联网金融的特点不同，人群的用户画像也不一样。互联网金融如何教育农民理财是一个短板，但根据木桶原理的另一种解释，当把木桶倾斜，其短板最终会成为木桶的一个长板。在农村发展互联网金融，要侧重农民以及中小企业的需求。

普惠停留在概念上是虚无的，而应是一种有价证券，需要为农民付出代价。在平台内部，要对金额、期限、区域、行业进行全方位、多维度把控，还要设计农民、中小企业获利的金融产品；在平台之外，要做好尽职调查、项目初审、审贷分离，以及一系列完备的贷后监控体系等等。

第三个是信任背书，在市场经济里，企业的核心资产是信任。以前，从农村信用社变成银行，是一种对公信力的确权。

第二节 农村金融现状

1. 中国农村金融服务的现状

（1）农村金融组织体系不断完善

农村金融组织体系不断完善有效地提升了服务覆盖面和渗透率，通过多年持续努力，我国正在形成银行业金融机构、非银行业金融机构和其他微型金融组织共同组成的多层次、广覆盖、适度竞争的农村金融服务体系，政策性金融、商业性金融和合作性金融功能互补、相互协作，推动农村金融服务的便利性、可得性持续增强。2003年以来，农村信用社改革基本实现了"花钱买机制"的政策目标，农村信用社（含农村商业银行、农村合作银行）支农能力不断增强，涉农贷款和农户贷款分别占全部贷款1/3和近七成，金融支持"三农"的主力军作用得到持续发挥。农业银行"三农金融事业部"改革在治理机制、财务核算、风险管理等方面赋予一定独立性，2012年和2013年试点范围两次扩大后，试点县支行的业务量及利润额占全行县支行业务量及利润额的比例从40%提升至80%左右，农村金融服务水平有效改善。农业发展银行改革实施总体方案于2014年11月正式完成，未来将进一步强化政策性职能，在农村金融体系中切实发挥出主体和骨干作用。邮政储蓄银行发挥网络覆盖全国、沟通城乡的优势，不断强化县域金融服务。开发银行发挥开发性金融支农作用，在促进农村和县域社会建设、积极稳妥支持农业"走出去"方面持续发挥积极作用。另一方面，降低农村金融市场准入门槛，新型、微型农村金融机构快速发展。通过不断培育和发展，村镇银行、小额贷款公司新型农村金融机构和组织在丰富农村金融体系、解决农村地区银行业金融机构网点覆盖率低、金融服务不足、竞争不充分等方面发挥了日益重要的作用。截至2014年底，全国共发起设立1 296家新型农村金融机构，其中村镇银行1 233家（已开业1 153家、筹建80家），贷款公司14家，农村资金互助社49家。新型农村金融机构累计吸引各类资本893亿元，存款余额5 826亿元，各项贷款余额4 896亿元，其中小微企业贷款余额2 412亿元，农户贷款余额2 137亿元，两者合计占各项贷款余额的92.91%。截至2014年底，纳入人民银行统计体系的小额贷款公司共8 791家，从业人员11万人，贷款余额9 420亿元。推动偏远农村地区基础金融服务全覆盖工作持续推进，乡镇基础金融服务有效提高。截至2014年底，全国金融机构空白乡镇从启动时（2009年10月）的2 945个减少到1 570个；实现乡镇金融机构和乡镇基础金融服务双覆盖的省份（含计划单列市）从2009年10月的9个增加到25个。

(2) 农村金融产品和服务方式创新不断推进

人民银行从2008年开始开展农村金融产品和服务方式创新试点，2010年会同银监会、证监会、保监会将该项工作推向全国。几年来，金融机构结合农村金融服务需求特点，积极探索扩大抵押担保范围，运用微小贷款管理技术，扩大小额信用贷款和联保贷款的覆盖范围，涌现了集体林权抵押贷款、大型农机具抵押贷款、"信贷+保险"产品、中小企业集合票据、涉农企业直接债务融资工具等在全国范围内较有影响的创新产品以及一些具有地方特色的创新实践，取得了良好的效果。此外，近年随着互联网技术的深入普及，通过互联网渠道和电子化手段开展金融业务的互联网金融发展迅猛，众筹融资、网络销售金融产品、手机银行、移动支付等互联网金融业态也在快速涌现，部分互联网金融组织还在支持"三农"领域开展了有益探索。

(3) 农村融资环境进一步改善，融资方式由间接融资向直接融资扩展

债券融资方面，截至2014年底，218家涉农企业（包括农林牧渔业、农产品加工业）在银行间债券市场发行782只、7 233.39亿元债务融资工具，期末余额2 953.58亿元。2013—2014年，共4家涉农企业在证券交易所债券市场发行公司债券融资23.4亿元；共49家涉农企业发行中小企业私募债融资80.24亿元；共1只涉农小额贷款资产支持专项计划成功设立，融资5亿元。股票融资方面，2013—2014年间，首发上市的农业企业有3家，融资17.3亿元；农业类上市公司再融资20家，融资250.6亿元。截至2014年底，共66家涉农非上市公众公司在全国股份转让系统挂牌，其中2013年新增公司4家，1家涉农公司发行股份649万股，募集资金5 841万元；2014年新增公司55家，5家公司共发行股份4 556.9万股，共募集资金12 511.45万元。

(4) 农业保险覆盖面稳步扩大、风险保障能力日益提高

从地理区域分布看，农业保险已由试点初期的5个省（自治区、直辖市）覆盖到全国。全国共建立农业保险乡（镇）级服务站2.3万个，村级服务点28万个，覆盖了全国48%的行政村，协保员近40万人。从保险品种看，关系国计民生和国家粮食安全的农作物保险、主要畜产品保险、重要"菜篮子"品种保险和森林保险获得了重点发展，农房、农机具、设施农业、渔业、制种保险等业务逐步推广。2007年至2014年，农业保险提供风险保障从1 126亿元增长到1.66万亿元，年均增速57.09%，累计提供风险保障5.72万亿元，向1.68亿户次的受灾农户支付赔款958.62亿元，在抗灾救灾和灾后重建中发挥了积极的作用。

(5) 农村基础设施建设稳步推进，农村金融生态环境有效改善

人民银行提供了灵活多样的接入方式，支持农村金融机构加入人民银行支付清算系统，目前接入的农村合作金融机构和村镇银行网点数已达4万多个。通过组织开展农民工银行卡特色服务、银行卡助农取款服务，为广大金融空白乡镇的农村居民提供家门口式基础金融服务，从根本上提升了金融服务在农村的可得性。目前，农村地区人均持卡量已超过1张。全国共有超过4万个农村地区银行

营业网点可以办理农民工银行卡特色服务受理方业务，2014年累计完成农民工银行卡特色服务取款业务超过1 157万笔、金额185亿元。助农取款服务点达92万个，受理终端数量93万台，2014年助农取款业务达到1.57亿笔、金额494亿元。按照"政府主导、人行推动、多方参与、共同发展"的思路，人民银行联合地方政府、相关部门、金融机构共同推动农村信用体系建设。加快建立小微企业和农户信息征集体系，开展小微企业信用评价和"信用户""信用村""信用乡（镇）"评定工作，完善信息共享与应用，发挥市场机制作用，形成良好的信用环境。引导涉农金融机构对守信农户简化贷款手续、降低贷款利率上浮幅度，合理引导资金流向，支持有信用、有效益的中小企业、农户发展。截至2014年12月底，全国共为1.6亿农户建立了信用档案，并对其中1亿农户进行了信用评定。已建立信用档案的农户中获得信贷支持的9 012万多户，贷款余额2.2万亿元。

2. 当前农村金融服务中存在的主要问题

未来一个时期内，随着经济增速的放缓和资源约束的加强，农业和农村经济将面临许多新挑战和新问题，农村对多元化、多层次的金融产品和服务的需求日益迫切。对照新常态下农业和农村经济面临的新挑战和新趋势，农村金融服务改革创新的任务仍然艰巨。

(1) 现有金融产品和服务尚不能有效支撑现代农业发展

首先，现代农业规模化、产业化的经营特点，决定了金融服务在规模上已不再仅仅是"小额、短期、分散"的周转式需求，也包括"长期、大额、集中"的规模化需求。其次，现代农业在服务方式上，已从传统的农业生产扩大到产业链和价值链上各个环节，金融服务上已不单纯是融资需求，而是扩展到保险、期货、证券等大金融领域。最后，现代农业发展要求更为信息化、网络化的金融服务，要求金融服务方式需更多利用互联网等电子信息平台，向现代农业经营主体提供全方位、网络化的信息服务。从目前来看，现有的金融产品和服务还不能满足新形势下农业发展的需求。

(2) 多层次的农村金融体系仍有待健全

经过多年的发展，我国农村金融体系已形成政策性金融、商业性金融、合作金融在内的金融体系，但与目前农村市场主体的多样化、农业农村经济发展的多样性相比，无论是机构数量、种类，还是服务功能上仍存在不足，一定程度上制约了金融产品和服务的供给。总体上看，我国政策性金融在广度和深度上还较为欠缺，商业性金融层次不够丰富，合作金融还需在规范中探索有效发展的途径。特别是，农村中小金融机构数量不足，竞争仍不够充分，影响了农村金融服务供给。除中小金融机构发展不足外，农村地区投资环境、信用环境、公共基础服务设施等尚不完善，政策性担保机制不健全，也制约了金融资源向农村有效配置。

（3）农村金融服务的种类和多样性不足

农村市场主体的多样性，以及农业农村经济发展阶段的差异性，决定了农村金融机构和农村金融服务的多元化。正规金融与民间金融并存，规模化融资与小额分散融资需求并存，融资需求与风险管理需求并存，融资需求满足方式上，银行贷款与直接融资、融资租赁、信用贷款与抵押担保并存，等等。与农村金融服务需求的多元化相比，当前农村金融服务体系的多样性还有较大提升空间。

（4）农业保险覆盖面和保障水平仍有待提高

目前，农业保险保障水平主要由各地根据当地财政实力确定，普遍实行"低保费、低保障、广覆盖"原则，主要承保物化成本，保障水平低。截至 2013 年底，三大口粮作物保险保障程度约占物化成本的 75%，但仅占全部生产成本的 33%，现有保障水平已远远不能满足农户特别是新型农业生产经营组织的需求。目前农业保险的大灾风险主要通过保险机构再保险和大灾风险准备金制度转移和分散，主要还是依靠保险机构自身力量，缺少国家层面的政策、资金和制度支撑。

第三节 移动互联网与农村金融相结合的几种模式

一直以来，我国的农村金融发展存在供需矛盾，金融抑制是长时期存在的状态，近几年来，随着互联网及移动互联网技术的发展，金融不断触网，金融科技不断得到发展，拓展至农村金融领域，出现了诸多新型平台及模式。

据统计显示，截至 2016 年底，曾涉足农村金融的 P2P 网贷平台至少有 664 家，其中 393 家仍正常运营，其中专注农村金融的平台约 43 家，2016 年新增 28 家农村金融网贷平台，其中 19 家处于正常经营状态。伴随着这一轮互联网金融的发展浪潮，一些综合性新金融服务集团成长起来，例如电商集团，他们提供的服务开始从人群、需求等各个方面不断向外推展，被市场一致认为仍然是处女地的农村地区逐渐被纳入服务范围，同时，传统农村产业服务商开始涉足互联网金融领域，整个农村金融市场开始逐渐触碰互联网。

农业生产活动中涉农企业，尤其是中小企业的资金需求及农户（包括个体工商户）的资金需求及供给情况，具体有效需求则主要包括贷款需求，同时还少部分涉及支付结算、理财及保险等方面。在理论上，农村互联网金融平台可通过PC端或移动端为农户办理贷款业务，农户在提交申请后，平台后台集中评估贷款风险、做出定价等，但就目前发展情况来看，各类创新及模式对农村金融发展的贡献有限，较为突出的体现是网络借贷、互联网支付等，可以说目前创新发展非常不充分。但鉴于互联网金融具备的长尾效应、超越空间、报酬递增等特征，农村金融服务的覆盖度及用户的可获得性还有巨大的提升空间。

根据发布的《中国农村互联网金融发展报告2017》（下称"报告"）显示，当下农村互联网金融模式主要有三类。

首先是基于电商平台的链式金融模式。以蚂蚁金服和京东金融为例，它们先是依托自身电商平台优势，建立线下实体体验店或电子商务服务站，并发力完善自有农村物流体系。在此基础上，电商平台积累了农户消费者购买数据及销售者和供应商的信用数据，并根据数据优势建立一套信用风控模型从而推进农村金融服务。

其次是基于农业产业链的链式金融模式。以"三农"服务商大北农和新希望集团为例，它们在农业产业领域深耕多年，通过累积多年的线下资源优势、客户信用数据累积优势与互联网技术相结合，以打通自有供应链关系，从而建立特有的农村互联网金融生态圈。以"三农"服务商为核心的农业互联网金融平台，为全产业链上下游提供投融资、支付等综合服务，并贯穿农业产业化的全过程。

最后是涉农互联网金融平台模式，主要是P2P网贷平台和众筹平台。其中，P2P网贷平台由于受2016年互联网金融风险专项整治以及网贷监管政策密集下发的影响，其存量平台正持续减少。报告统计显示，截至2016年底，以农村金融为重要业务或撮合涉农贷款金额在千万人民币以上的P2P网贷平台，至少有114家，其中64家仍在正常运营，50家已倒闭停业或转型。

相比之下，众筹平台在农村金融领域发展不温不火，报告显示，截至2016年底，通过国内互联网众筹平台成功完成筹资的农业众筹项目共计4 562个，行业累计筹资只有6.2亿元。

对于农业众筹平台发展较为缓慢的原因,报告指出,一方面是因为农产品相较其他产品具有滞后性,且受基础设施和天灾虫害影响较大,管理仓储、物流及农产品的质量和效率难以保障,这也是大部分农产品众筹一般都选择即将到达成熟期的农产品的原因;另一方面是因为一些普通品类的农产品选择众筹往往多此一举,加之电商渠道越来越发达,投资者往往不愿投资。

针对农村互联网金融未来的发展,报告认为将呈现出以下5种趋势。一是涉农互联网金融平台更加注重资产开发、资金来源寻求机构化;二是"网络运营+渠道下沉"成为农村互联网金融服务的必由之路;三是农村电商业务在农村互联网金融中的重要性将日益凸显;四是农村消费金融业务进一步崛起;五是政策将持续支持金融机构创新发展农村互联网金融,但需警惕农村非法集资风险。

谈及互联网金融在农村地区的发展,中国社科院金融研究所所长助理杨涛认为,农村互联网金融抓住了当前解决农村金融困境的一个主线,就是利用互联网核心技术。但随着技术的变化,还有金融交易规则、监管规则这样一些制度层面的细则需要完善。

利基研究院主任塔拉也表示,针对农民资金需求额度小,风险承受力不强的情况,一些互联网金融平台正在创新农村金融产品以提供更好和更多的服务,但农村金融现阶段还存在农民征信缺失,地区差异标准化不同,金融交易双方信息不对称等问题亟待解决。

第四节 农村互联网金融应用案例

1. 便利店提取款(见图6-1)

(1) 不必跑柜台,便利店里办贷款

在吴店长的帮助下,在一个比电话机稍大的机器上进行了短短几分钟的操作就领到了贷款。记者看到,在这台机器旁边堆着很多交易凭条。据吴店长介绍,这个惠农服务点每天都有100多位附近的居民前来办理业务，主要以申请、提取惠农 e 贷和缴纳电费为主。

图 6-1　居民在惠农通机具上办理业务

吴店长是杏二村的村民，原来缴纳电费还要都要到附近的营业网点去办理。现在这台机器就安在自己的小商店里，不但自己方便了，附近的很多居民也纷纷到他店里来缴纳电费（见图 6-2）。据吴店长说，装了这个机器后，来他店里的人更多了，他小店的销售量也涨了不少。

这台机器就是农行布设在浙江省乐清市南岳镇的惠农通机具，是承担了惠农 e 贷、缴纳电费等多种功能的小型综合服务终端。布设惠农通机具，是农行打通农村金融"最后一公里"的积极尝试。截至 6 月底，农行共发放惠农卡 1.98 亿张，较年初增加 432.6 万张，在农村地区设立惠农通工程服务点 62.2 万个，行政村覆盖率 74.4%。

未来，农行也将持续加大惠农卡发放力度，逐步扩大普惠金融覆盖面；加快智能支付终端在服务点的布放使用，分阶段、分区域稳步推进传统机具向智能机具更新升级，并针对区域、行业、应用场景及商户、客户的不同特点，布放差异化的电子机具。

第六章 移动互联网与农村金融

图 6-2 村民在惠农通机具上操作

（2）不出门刷手机，微信端办贷款

在移动互联网发达的今天，手机承载的功能越发强大。尤其是年轻人，更习惯于用手机足不出户地解决各种问题。针对这一点，农行推出了惠农通的微信端服务。

乐清市的大荆平园村是"铁皮石斛第一村"，该村是国内著名的铁皮石斛、枫斗产业专业特色村。平园村家家户户都从事石斛产业，有的加工，有的种植，有的是大户，集种植、加工于一身。平园村有 520 余户村民，1 700 多人。由于信用情况整体良好，农行荆南支行的整村授信覆盖了其中 90% 的农户，远高于一般的 70%。另外，授信规模达到 7 000 余万元，占该支行惠农贷款整体规模的 1/4。

村民吴建顺家主要从事石斛（见图 6-3）加工产业，今年他们家的石斛成品销量有五、六十吨。旺季时将石斛鲜条购入、加工、售出，整个产业链能达到 60 人的规模。吴建顺告诉记者，石斛的采购、加工费等成本加起来，他一年需要流转资金近 200 万元。即使对于大户，这也是笔不小的花销，可钱从哪里来呢？

据了解，吴建顺今年总共贷款 35 万元，其中 10 万元来自农行惠农 e 贷的纯信用贷款。在手机上关注"农行惠农通"微信公众号，在"惠农网贷"页面点击

图 6-3　铁皮石斛

"我要贷款",输入了提取金额和贷款期限,很快贷款资金就会转入了绑定的银行卡中,过程不超 5 分钟。还贷款也可以在微信端上轻松解决。吴建顺说:"操作很方便,利率低……一般都是通过微信贷款。"

这是农行新开发的一种纯信用、免担保的贷款,月息是 5.075 厘,授信额度一般在 10 万元以内。通过微信操作,随借随还,一次签约,可使用三年。截至 2017 年 6 月末,农行浙江分行全省发放农户贷款 10.4 万户,农户贷款余额 225.67 亿元,列全国农行系统第一,其中通过网上申请的惠农 e 贷 3.24 万户,贷款余额 53.97 亿元。

受益于农行授信的整村推进,很多农民省去了往返物理网点的奔波之苦。微信端操作简明、便捷,良好的用户体验让微信渠道获得广泛欢迎,尤其受年轻人的青睐。

农行姓农,坚持了服务"三农"的本色。在互联网时代,农行也积极借助互联网思维突破农民信用难题,助力"三位一体"农村改革。农行 2016 年创新开发上线了以村民信贷档案数据库为基础、惠农 e 贷为核心、惠农商城为支撑的农村金融互联网平台(见图 6-4)。而惠农通机具和微信端这两个渠道正是这个互联网平台向基层的延伸,并搭建起基于惠农卡的理财、缴费等农村生活金融场景。

第六章 移动互联网与农村金融

图 6-4 南岳惠农金融服务点

2. 消费金融

"三农"问题一直是政府高度重视又难以克服的历史问题，我国城市和农村的发展差异巨大，城市经济高速发展的背后是农村经济萎靡的现象。追本溯源，"三农"问题最终落在农村金融上。农村金融服务的供给滞后于农村金融需求的矛盾越发明显，农村经济发展严重受到制约。

2016 年，金融政策强调要用发展新理念破解"三农"新难题，提出要推进农业供给侧结构性改革，并首次提出"引导互联网金融、移动金融在农村规范发展"的要求（见图 6-5）。

自改革开放以来，政府对农村金融进行了一系列改革取得一定进展，但由于其高坏账率和政策支持不够依旧非常脆弱，金融机构不愿涉足农村地区。只得引入民间资本和互联网金融机构进入农村，进行农村金融供给侧改革，纠正传统金融独木难支的局面。

相对于传统金融机构，互联网金融机构勇于大胆创新。从早期第三方支付到近年来如火如荼的互联网理财，再到互联网消费金融，互联网金融囊括新金融诸多模式创新，其中还包括大数据金融、互联网银行、众筹等等。

图 6-5 农村消费金融

互联网金融凭借着方便、迅捷、透明、低成本的互联网属性和非凡的创新活力,迅速补充金融空白市场,满足了个人和小微企业借款需求,丰富了普通大众的理财方式。经过市场和监管的洗礼逐渐蜕变成熟。如今,互联网金融终于站在了广阔的农村土地上,为农村金融注入了新鲜血液。

我们以相关互联网金融企业为案例,解析互联网消费金融业如何与农村电商、融资租赁公司合作创新,从而满足县域农村群体的金融消费需求。

(1) 县域消费金融市场的萌芽

目前,消费金融在局部乡镇已有涉足,但覆盖面远远不够,开展消费金融业务的企业也远远不够。农村金融需求主体是农户和农村企业,消费金融服务则主要围绕农户的消费需求。

消费金融是指金融服务供给方向消费者提供包括消费贷款在内的金融产品和金融服务。我国消费金融起源于 1987 年前后,经过多年的发展完善,消费金融产品由最初的耐用消费品贷款业务发展为个人消费信贷、信用卡、消费卡和第三方支付等。

2015 年 6 月 10 日,李克强总理主持召开国务院常务会议,决定将消费金融公司试点扩至全国,增强消费对经济的拉动力。

在政策的引导下,消费金融业呈现出百花齐放的业态,承办机构也由传统的银行业扩展到消费金融公司和互联网金融机构。

设立消费金融公司这样一类新型金融机构,是促进我国经济从投资主导型向消费主导型转变的需要。消费金融在提高消费者生活水平、支持经济增长等方面发挥着积极的推动作用,这一金融服务方式目前在成熟市场和新兴市场均已得到广泛使用。

与美国相比,中国经济增长"三驾马车"之一的消费支出对GDP的贡献率依然较低,仅为50%,美国为83%。与日本等成熟市场相比,差距也较为明显。我国居民消费支出占GDP的比重仅为36%,而美国高达69%,随着我国GDP及人均收入水平的逐步提升,居民消费需求有望进一步释放。

县域的消费金融资产体量非常庞大,但金融供给不平衡,消费受到抑制,地区消费金融市场有着比较明显的短板。

首先,县域群体大多保持着传统消费观念,储蓄水平较高;其次,消费金融产品不能有效满足县域地区的消费需求;最后,征信体系不完善,打击了金融机构的积极性,制约消费金融发展。另外,县域消费金融市场还有着不习惯网购、消费依赖实体等特征。

按照传统的消费信贷模式,一般需要审核客户资质,查调征信数据,整体评估风险,而农村金融市场不能按照一、二线城市成熟的市场逻辑开展。

对于互联网金融机构来说,消费金融产品小额分散,线上零售,风险相对分散,并且借款用途清晰、还款意愿高,属于高质量资产,县域的资产体量又如此庞大,因此排除万难也要抢占这片蓝海。但不论怎样,自始至终也不能忽略金融的核心:风险控制。

对于互联网金融来说,以往农村金融特征带给传统金融的难题,如今摆在它们面前依旧不好解决。县域金融市场的问题不光是无征信数据、高坏账率,还有落后的基础设施和根深蒂固的传统观念。

(2) 互联网金融机构通过创新支撑风控能力和企业发展

上海乐驰金融信息服务有限公司(以下简称乐驰金服)是率先在县域农村地区开展消费金融服务的互联网金融企业,也是第一家入驻上海嘉定金融产业园的

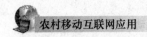

"互联网+消费金融+供应链金融"创新型企业。

乐驰金服在县域市场进行调研后，发现我国城镇化率提高及农民收入的持续增长，提升了县域农村的消费需求，但金融服务的缺失影响了消费市场，使得产品不够丰富，而且农村电商还不成气候，物流不畅，抑制了消费。

在县域农村开展消费金融业务解决这一问题，无疑需要一些时间，但在这个过程中，可以很好地培养农村现代消费习惯，也是品牌深入市场的好时机。

2015年6月，乐驰金服着手布局县域消费金融市场。截至目前，该公司在陕西、河北、山东、安徽、河南、浙江等省设立了多家实体门店开展小额消费分期业务，在县域农村已推出的分期产品主要为三大品类：汽车消费分期、手机消费分期和家电消费分期。

在业务合作上，乐驰金服通过与金融机构、征信公司、消费品生产厂商、渠道分销商、零售商等资源达成战略捆绑合作，实现了"消费交易+金融服务"消费场景下的业务融合与创新。

乐驰金服在县域农村广泛设立直营门店，对应现阶段县域群体消费习惯，同时方便贷后管理和售后服务；然后与电商和融资租赁公司、资产管理公司、征信机构合作，通过跨界合作、积累消费数据提高风控能力和市场竞争力，实现企业在县域农村金融市场的可持续发展。

(3) 消费金融和农村电商

乐驰金服的发展将与中小电商共同合作深耕县域市场，此时的电商正面临一次飞跃，由于政策对农村电商的鼓励，此时是双方合作的绝好时机。

2015年11月，国务院办公厅印发《关于促进农村电子商务加快发展的指导意见》，全面部署指导农村电子商务健康快速发展，并强调"加快完善农村的物流体系"，"加强农村基础设施建设"。

在此之前，由于物流和互联网设施不健全，在城市发展顺风顺水的电商在农村碰了钉子。随着相关政策出台，5年之内将一举扫除挡在电商道路上的两大障碍，摆在电商面前最终只剩下：传统消费习惯。

改变人们花钱的习惯实非易事，尤其是对中老年人，农村电商和消费金融主要是对年轻人进行市场教育，逐渐改变年轻人的消费观。

2015年，乐驰金服与上市公司爱施德达成深度合作，以爱施德覆盖全国的手机分销网络为基础,结合乐驰金服专业化金融服务与产品设计,推出服务于真实消费场景的手机分期产品,迅速占领手机分期市场。

互联网金融行业中跟在阿里和京东后面的专注细分市场的中小电商们,大多缺少金融产品服务,与互联网金融机构合作,可有效补充业务短板,缩短与电商巨头的差距。反过来,农村电商也能帮助互联网金融机构迅速扩大市场,获取更多小额、分散、安全的资产。消费分期作为电商主要的服务内容,使中小电商在农村地区带来独特的竞争优势,为爱施德与乐驰金服带来了合作契机。

(4) 消费金融和融资租赁的捆绑发展

近年来,中国融资租赁业发展迅速,融资租赁服务范围已经从交通运输、工业装备、工程建筑等传统领域,向农业、医疗、文化教育等新兴领域拓展。融资租赁业务对农村地区经济发展提供了诸多支持。

在融资租赁业务中,租赁物就是抵押品,使得其可为既无固定资产、无抵质押权,且确需大量资金投入的各农业领域和农户提供金融支持。其实,融资租赁公司早就进入了县域农村,后来,它们又想退出来,失去了服务动力。

目前涉农的融资租赁公司一般采用传统的直接融资形式,没有充分开发出售后回租、二手设备处理、杠杆租赁等高利润业务产品在农村地区的应用,融资租赁业务在农村的普遍现状是创新不足、利润不高。大多融资租赁公司不愿涉足农村地区,造成了农村租赁业务供给不足。

随着农业的发展和农民增收,对于大宗商品的金融服务需求也非常迫切。在个人消费方面,就是汽车。

目前县域地区汽车金融服务下沉缓慢,二手车商则不提供金融服务,抑制了市场活力。由于消费能力有限,农村群体选择经济实惠的车型,性价比超高的新车、二手车,大约四五万元的预算。如有分期服务支持,预算将进一步扩大,最大限度地挖掘需求。

乐驰金服采取的方式是引入融资租赁公司捆绑发展,为农村提供新车、二手车消费分期服务,期限一般为1~3年。融资租赁的业务优势为乐驰金服提供了强有力风控保障:处置资产、回购责任。乐驰金服承担风控审核、贷后管理、催收等职责,并为资产寻找资金,平衡资金、资产两端。

与此同时,乐驰金服还整合了县域车商资源、拓宽汽车销售渠道,为农村汽车后市场及相关金融服务发展奠定了基础。

（5）政策绿灯助力农村经济

在政策的引导下，越来越多的互联网金融机构进入农村金融市场，服务于农民和农村企业。多年的金融改革使互联网金融——这一创新活力十足的金融业务站在了农村大地上。县域消费金融能够有效提高消费者生活水平，推动农村经济增长。消费金融发展的历程是我国金融改革道路的缩影，体现的是普惠精神的传扬、普惠金融的落地。农业大国的宝藏埋藏在农村，经济全面发展的"终极答案"也在农村。

第七章 移动互联网与乡村旅游

第一节 我国乡村旅游概述

1. 我国乡村旅游基本内容

社会主义新农村建设的实质是要改变我国农村落后、农民贫穷、农业薄弱的现状和提高农民生活水平,而要解决这些根本问题,关键在于农村经济的自身发展。我国是一个农业大国,有着得天独厚的自然条件和人文环境,在经济发展的过程中依然存在大量未曾改变的城镇景观,这就为旅游业特别是乡村旅游打下了坚实的物质基础,而乡村旅游的发展,不仅有利于农民增收和就业,还有利于农村、农业资源可持续开发利用。因此,在社会主义新农村的建设过程中,要顺应乡村旅游与新农村建设的关系,认清乡村旅游发展的条件和优势。乡村旅游是现代旅游中的一项新事物,然而它却以极快的速度在各国发展起来。乡村旅游不仅为城市居民提供了新的休闲产品,而且促进了农业产业结构的调整,增加了农民收入,充分利用了农村剩余劳动力的资源,对维护农村社会经济可持续发展具有重要意义。

(1) 乡村旅游的内涵

乡村旅游又被称为农业旅游、观光农业、绿色旅游、田园旅游、生态旅游等。乡村旅游是从西方开始的，18 世纪后期，乡村旅游作为一种可识别的旅游活动在欧洲就出现了，到了 20 世纪，乡村旅游变为一种更加广泛的、享受型的活动。真正意义上的乡村旅游始于 20 世纪 80 年代，它在特殊的旅游扶贫政策指导下应运而生。所谓乡村旅游，是以农村地区为特色，以农民为经营主体，以旅游资源为依托、以旅游活动为内容，以促进农村发展为目的的社会活动。乡村秀丽的田园风光，与城市截然不同的悠闲、自在的生活方式和安静祥和的生活氛围是城市旅游者参加乡村旅游的主要动机之一。也就是说，乡村性和地方性是乡村旅游独有的核心吸引力，也是发展的重要资源。"乡村性是乡村旅游整体推销的核心和独特卖点"，所以，依托优美的乡村自然环境，挖掘浓郁的地方特色。展现真实的乡村生活，是发展乡村旅游的基本条件，也是开发乡村旅游产品、发展乡村旅游的基本要求。

(2) 乡村旅游的模式

由于地理条件的差异，兴起原因的不同，各地乡村旅游的内容各有侧重。比较分析我国各地乡村旅游的形成过程，对其影响较大的是地理区位。乡村旅游的布局模式在乡村旅游发展的过程中作用重大。我国乡村旅游根据其资源特点及其开展的旅游活动的内容可分为如下一些模式。

① 森林公园模式。对于那些区位条件好，山峦起伏、溪流交错、森林茂密、环境优良、景色秀丽、气候舒适、面积较大的森林地段可开发为森林公园。是人们回归自然、休闲、度假、野营、避暑和科考的理想场所。

② 度假区（村）模式。是指在自然风景优美、气候舒适宜人、生态环境优良的景观地带建成的，以满足旅游者度假、休闲为主要目的场所。

③ 观光购物农园模式。开放成熟的果园、菜园、花圃、茶园等，让游客入内采果、摘菜、赏花，享受田园乐趣。这是国外农业旅游最普遍的一种开发模式，满足了人们休闲放松、回归自然的需求。

④ 民俗文化村模式。农村某些地方具有特定的民俗风情、文学艺术、园林建设、文物古迹，如衣着、饮食、礼仪、婚恋、丧葬、节庆、禁忌、喜好、歌舞、戏剧、音乐、绘画等，这些都是重要的旅游资源，对城镇居民有着强烈的吸引力。可在民俗文化旅游资源丰富的地方建设民俗文化村，举行多种多样的民俗文化活动，以招徕游客观光、度假和休闲。不仅有利于民族文化的传播，更有利于

民族文化的传承。

⑤休闲农场模式。可供游客观光、度假、游憩、娱乐、采果、农作、垂钓等。这是一种体验农民生活、了解乡土风情的好方式。

⑥农业公园模式。将农田区划为服务区、景观区、农业生产区、农产品消费区、旅游休闲娱乐区等部分，规划成一个公园式的农业庄园。能够促进城市人对乡村农业的了解。

⑦租赁农园模式。是指农民将土地出租给市民成为种植粮食、花草、瓜、果、蔬菜等的园地。其主要目的是让市民体验农业生产过程，享受耕作乐趣，以休闲体验为主，而不是以生产经营为目标。多数租用者只能利用节假日到农园作业，平时则由农地提供者代管。租赁农园所生产的农产品一般只供租赁者自己享用或分赠亲朋好友。这是体验乡村农耕生活的有效的方法。

（3）发展乡村旅游的作用

旅游是一个带动性很强的产业，社会主义新农村是生产发展的农村，乡村旅游作为支持"三农"建设、促进农民观念转变、拓宽农业致富渠道、带动农村经济繁荣和发展的重要力量，是社会主义新农村建设的有效之举。大力开发乡村旅游市场，具有十分重要的作用和意义。

①发展乡村旅游有利于促进就业。旅游活动是一项劳动力高度密集型的产业，不但可以直接吸纳较多的劳动力，同时还能间接为社会提供更多的就业机会。旅游产业的关联带动性决定了旅游的六要素"食住行游购娱"将提供更多的可供选择的岗位。让农民有了更多的选择机会。旅游的季节性和农业的季节性的特点，可以合理地利用人力资源，使其发挥最大效用，同时可转移农村剩余劳动力。

②发展乡村旅游有利于加强城乡文化交流，缩小城乡差距。发展乡村旅游把一部分城市消费资金转移到农村，增加了农村的经济实力和农民的收入。农民生产的土特产品销售给游客后获得的收入、农民为旅游者提供各种劳务所得的收益、特色旅游商品加工经营及从业者的收入，都会为当地的农村经济发展提供资金支持。为了吸引旅游者的到来，发展乡村旅游的地区会更加注意环境的保护，资源的开发，打造具有本地特色的旅游产品。这样一来，他们会更加注重改善道路、水、电、通讯等基础设施，实现了环境卫生、村容整洁。这些都将提高农民的生活水平，缩小城乡差距。发展乡村旅游的村庄，实现了农村的对外开放，通过城市居民的参与活动，把先进的科技知识带到乡村，有利于科技的推广，城市

居民可以亲身了解和体验农村生活,给农村注入新的活力。同时旅游者的到来将带来新的信息和理念,对农民有着潜移默化的影响。农民的素质将得到较大的提高。经营者将形成市场意识,有利于进一步开拓市场。

③发展乡村旅游有利于促进农村产业结构的优化。我国农业仍然是以种植业为主的农业,农业结构不合理,农村第三产业比例太小,农业经济效益低下。由于蔬菜、水果、鸡、鱼、肉、蛋等农副产品以及花卉有了销路,农民瞄准市场,什么赚钱就生产什么,出现直接与市场对接的种植、养殖专业户、专业村,提高了农产品的经济效益。改变了传统的农民生产什么游客就买什么的模式,而转向为游客需要什么农民就生产什么特色产品。由传统的农业生产转向现代农业。发展乡村旅游必然带动乡村商业、服务业、交通运输、建筑、加工业等相应产业的发展,从而带动产业结构的调整。

④发展乡村旅游有利于促进社会主义新农村的建设。在发展乡村旅游的过程中,农村在文化、经济、社会、生态各方面都得到较大的发展。乡村农民的思想文化观念会逐渐发生变化,乡村会向更文明、更进步的方向发展,提高农村文明程度。科技方面,先进的科学技术对农村生产建设起到积极的作用。生态方面,乡村旅游有利于乡村生态环境的改善和保护,没有整洁的村容村貌,没有良好的环境就没有新农村新气象。农民收入的增加也将推动地方经济的发展,也有更多的钱投入到环境的建设,实现人与自然的和谐。

2. 我国乡村旅游的发展优势与存在的问题

(1) 我国发展乡村旅游的优势

中国是个农业大国,农村人口依然占人口总数的近70%,即使是城里人也有着浓厚的农村情结。农村和郊区相对于城市来说,天地广阔、自然风光秀美、灵气清新、具有与城市相异的文化,对于生活在紧张、拥挤、繁杂、喧嚣、多污染的城市中的居民有巨大的吸引力。我们可借着旅游发展的契机,利用地理人文优势发展特色乡村旅游。我国乡村旅游起步较晚,但已引起人们的重视。其优势体现在以下一些方面。

①具有独特的卖点——乡村的原真性。乡村旅游是发生在乡村地区的,是以农业文化景观、农业生态环境、农事生产活动及传统的乡村文化为资源,融观赏、考察、学习、参与、娱乐、购物于一体的生态性旅游活动。其人天合一的旅

游环境,健康、朴素、简单的生活,即原真性,是乡村旅游吸引游客的基础。我国在经济发展的过程中,仍保留有许多未曾开发的城镇景观。这些锁在深闺中的处女地区,将是发展乡村旅游强有力的物质依托。

②乡村旅游资源丰富。在中国乡村旅游中,乡村是构成整个文化的宏大的地理背景,是乡村旅游业中不可缺少的一部分。广大乡村旅游存在着极其丰富的自然资源和人文资源,如奇峰异岭、河流水库、多民族的民俗风情和历史名胜古迹,无数的地方土特产品和美术工艺品等。同其他旅游方式一样,这些是乡村旅游发展的基础元素。其自然的农事活动、人居环境、生活习俗、农耕生态环境、农业的收获物都是具有吸引力的景观。这是我国发展乡村旅游取之不尽、用之不竭的旅游资源。

③我国乡村旅游享有广阔的旅游市场前景和发展的空间。我国乡村旅游享有广阔的市场前景,一方面是由国家对待农村问题日益重视的宏观政策环境决定的,另一方面也是由不断扩大的市场空间决定的——工业化带来了更多的逃离工业环境需求的城市人口。有了强有力的政策支持和客源支持,我国乡村旅游发展前景广阔。

(2) 我国发展乡村旅游存在的问题

①对乡村旅游层面理解不深,概念混乱。目前部分学者将乡村旅游等同于农业旅游,有的甚至片面的理解为观光旅游,严重地降低了乡村旅游的丰富性,掩盖了乡村旅游所包含的其他类型。据调查,部分领导干部和农民受到传统农业模式的影响和制约,不能"跳出农业看农业",没有意识到开发乡村旅游的意义和优势。许多农村旅游景观以单纯的农业观光为主,多数乡村旅游产品未能真正体现乡村旅游的各个层面,有的甚至歪曲了乡村旅游的内涵,影响了产品的吸引力。有的甚至把开发乡村旅游和发展农村经济相对立起来,陈旧保守的观念严重影响了乡村旅游的发展。

②经营者缺乏经营理念。在经营理念上,还停留在特别看重饭菜的质量、味道、价格,而对于一些至关重要的吸引游客的因素——特色(农家风味)、环境(绿化环境)、服务(服务水平)——却没有放在重要的地位上。经营者愿意在主体建筑上花钱,而不愿在治理、美化环境方面下功夫;乐意在量上投入而不愿在经营特色、服务质量上花钱。主张少投入多产出,粗制滥造。在招徕客源上舍不得花钱做广告,仅迷信于"回头客"和口碑的传播,最多也就是发个传单或名片作为促销手段,影响力有限,造成大好的旅游资源无人知晓,客流不足,效益欠

佳，形不成旅游产业的规模化，更谈不上和现代旅游接轨。经营者的经营理念与游客之间存在差距，市场竞争意识不强，尤其缺乏专业的培训、指导和政府的引导。这些势必会影响乡村旅游的发展。

③产品开发程度低、层次浅、开发模式单一。目前国内乡村旅游多集中开发休闲农业和观光农业旅游产品，而对乡村文化传统和民风民俗资源的开发重视不够。乡村旅游过分地依赖农业资源，缺乏文化内涵，地域特色文化不突出，开发模式单一。乡村旅游资源通过科学规划和合理利用，可有效地转化为相关的旅游产品，进而满足游客需求，实现经济效益。但是为满足旅游者的猎奇心理，失去其原真性不应该成为乡村旅游资源开发的价值的取向。有的乡村旅游不在产品创新上动脑筋，产品开发程度很低。由于产品错位和深度开发不足，个性彰显不够，乡村旅游地留给旅游者的大多是"千村一面"之感，提供的产品层次较低，服务的项目大同小异，从而造成彼此间的激烈竞争，增大了市场风险，导致一些地区开发效益下降。目前乡村旅游地主要集中于观光旅游，而观光游客逗留时间短，"门票经济"突出，没有足够的消费时间不可能产生足够的消费，游客的消费潜力有待开发。

④乡土文化城市化，缺乏特色。乡村旅游地的最大的资源特色是有别于城市风貌的"乡村性"。对乡土文化进行合理的规划和科学的开发，使其凹显特色是实现乡村旅游发展的关键。然而目前有许多的乡村旅游地的建设严重出现了现代城市化的倾向。经营农户易从自己的角度去理解城市游客的需求。农村人向往城市的生活，把城市化作为乡村旅游的目标。常常爱把极其具特色的东西花大力气改造成普通一般化的东西。如把乡村小道改成水泥路；菜园田垄改成停车场；把花木庭院改成露天饭堂或是卡拉OK厅。他们本着"城里有的东西我们样样不缺"的思想，劳神费力却削弱了景区的特色和吸引力，极大地破坏了乡村资源的乡村性和原真性。

⑤乡村旅游人才缺乏，管理混乱，品牌效益差。由于乡村旅游的开发和研究均处于较低的层次上，在实际的乡村旅游操作过程中，许多乡村旅游区的管理人员由村干部担任甚至由当地农民担任。乡村旅游管理人员和从业人员素质普遍低下，乡村旅游的迅速发展和低素质的管理人员和从业人员相矛盾。乡村旅游处于粗放经营，形成轻管理、低效应、低收入的恶性循环，严重制约了我国乡村旅游业的发展。由于人才的缺乏，乡村旅游开发和经营中普遍存在各自为政的现象，资源与资金没有形成有效的合力，乡村旅游普遍存在规模小，经营者品牌意识淡薄的现象。

⑥资源开发破坏性大。旅游业作为资源依附性很强的产业，比其他任何行业都更依赖自然生态环境和人文环境的质量。虽然旅游产业是一个"无烟产业"，但并非是无污染的产业。随着旅游者的涌入，将会对乡村旅游目的地的环境和生态造成消极的影响，从而使良好的自然景观受到影响。乡村旅游资源的自然风光、民族风情有其脆弱性、易变性的特点，一旦变异，很难进行恢复。

第二节 互联网＋乡村旅游发展模式

乡村旅游是社会主义新农村建设的重要模式，并创新性地提出旅游产业导向的社会主义新农村建设的概念。我国现代乡村旅游的发展较晚，真正意义上乡村旅游的兴起是20世纪90年代以后的事情，一方面随着休假制度的调整，人们的休憩时间大大增加，极大地刺激了人们的休闲消费欲望；另一方面生活水平的提高和生活观念的转变，使人们逐渐将旅游和休闲纳入到生活方式之中。近年来，随着"互联网＋"的不断发展，乡村旅游迎来了新的发展模式。

"互联网＋乡村旅游"能让游客在出行前就能够在网络上获悉旅游点相关资讯，面向游客优化平台服务功能，一站式解决出行难题。此外，以住宿为核心，依托乡村旅游主题特色，按照旅游者消费习惯，有效链接乡村购物、乡村美食、乡村美食、乡村娱乐等。乡村旅游不仅为城市居民提供新的休闲产品，而且对促进农业产业结构调整、增加农民收入、充分利用农村剩余劳动力资源、维护农村社会经济可持续发展，促进社会主义新农村建设，构筑和谐社会都具有重要意义。另外，由于发展乡村旅游对解决"三农"问题和社会主义新农村建设意义重大，也得到了党和国家及各级政府的高度重视和大力支持。结合"互联网＋"，新模式的万民进村网就此诞生了。万民进村网（见图7-1）是一家最美乡村旅游招商网站，通过优化乡村特有的乡土气息，让游客体验返璞归真与大自然拥抱的内心感受；通过乡村旅游O2O模式，发挥互联网在这个时代的优势，实现线上线下紧密结合的高效管理。在线下旅游向线上转移的同时，促进旅游企业的品牌营销及产品推广。万民进村网旨在通过与农业开发公司或旅游网站合作，将闲置的乡村旅游资源进行度假租赁的分级、整合、规模化管理，实现旅游资源的在线展示和预订,同时借助平台影响力,和游客进行在线互动。未来,万民进村网将以全域化、特色化、精品化为乡村旅游的发展理念,拓展与开发原乡休闲、国家农业公园、休闲农场、乡村营地、乡村庄园、乡村博物馆、艺术村落、市民农园、民宿等新业态类型,助推从乡村旅游到乡村旅游生活的转变。同时,借助互联网的快速传播,让一站式旅游变得更快捷!

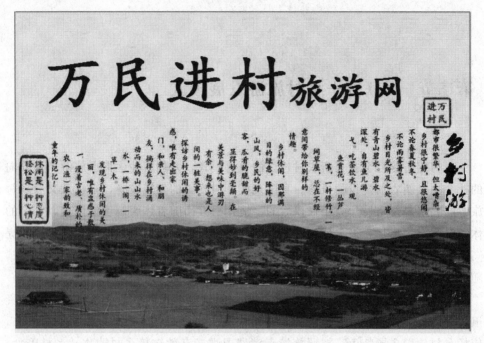

图 7-1 万民进村旅游网

第三节 乡村旅游的开发措施

1. 增强乡村旅游的文化内涵

在乡村旅游开发中,要通过系统规划,有机整合乡村旅游资源,认真科学地策划好旅游开发项目。同时还要加强文化内涵建设，以乡土文化为核心，提高乡村旅游产品的品位和档次。加强乡村旅游的文化内涵挖掘有利于改变目前我国乡村旅游产品结构雷同、档次低的状况。在乡村旅游产品项目的开发和设计中，要在乡村民俗、民族风情和乡土文化上做好文章，使乡村旅游产品具有较高的文化品位和较高的艺术格调。

2. 保持本色，突出特色

对乡村旅游的开发，要注意保持乡土本色，突出田园特色，避免城市化倾向。乡村旅游的投资商在开发中要注重对原汁原味的乡村本色的保护。因而对乡村旅游开发要加强科学引导和专业指导，强化经营的特色和差异性，突出农村的天然、纯朴、绿色、清新的环境氛围，强调天然、闲情和野趣，努力展现乡村旅游的魅力。

3. 政府主导，联合经营，共树品牌

目前全国各地城市近郊都在花大力气发展乡村旅游，争夺客源的竞争非常激烈。乡村旅游要在当地政府的引导下实现联合经营，以群体的力量形成规模效应，创立品牌，增加市场竞争力，走规模化和产业化的道路，实现乡村旅游可持续发展。

4. 乡村旅游的开发要做好几个结合

（1）乡村旅游开发要与其他旅游开发相结合

乡村旅游不能理解为是一种纯粹的农业资源开发，而要与区域内其他旅游资源和旅游景点的开发结合起来，借助已有旅游景点的吸引力，争取客源，以形成资源共享，优势互补，共同发展的格局。

（2）与农村扶贫相结合

据估算我国农村目前大约有 1.5 亿剩余劳动力，到 2010 年还将至少新增 6 350 万人左右。从中短期看，我国的就业压力有增无减，解决农村剩余劳动力就业是一个非常严峻的问题。开发乡村旅游可增加旅游就业机会，可以从一定程度上解决农村剩余劳动力的问题，缓解农村剩余劳动力对城市的压力。

(3) 乡村旅游开发要与小城镇建设相结合

2001年我国的小城镇已突破2万个,城镇化率达37.66%,最近10年期间,我国平均每年新增小城镇约800个,10年间有1亿农村人口落户小城镇。乡村旅游开发可能牵涉到移民问题,小城镇是比较理想的接纳场所。乡村旅游开发要与小城镇建设相结合,小城镇的建设要按旅游城镇的风貌进行控制,使小城镇本身就成为旅游吸引物之一,也可以依托小城镇发展乡镇企业、旅游商业,如农副产品的深加工、旅游纪念品的生产等。

(4) 与资源保护和打造生态个性相结合

在乡村旅游开发中要注意资源开发与环境保护协调的问题,防止旅游开发造成环境污染和资源破坏,加强与生态资源的有机结合,坚持在旅游资源开发中"保护第一,开发第二"的原则,走可持续发展的道路。

5. 给予长期的政策、经济和技术支持

国家要给予乡村旅游业长期的政策、经济和技术等方面的支持是非常必要的。许多研究表明一般乡村旅游很难带来高收益,因此国家除给乡村旅游开发长期的经济和技术上的支持外,还要制定对乡村旅游开发倾向性的政策,并将乡村旅游的开发纳入到各级旅游总体开发规划中。

6. 加强社区参与和对农民的培训引导

乡村旅游开发要将农业、农民和乡村发展高度结合起来,使旅游业成为乡村社区重要的产业。在乡村旅游开发中农民具有不可忽视的作用,要把乡村旅游做活、做大、做好,就得加大社区参与力度,加强对农民的培训和引导工作,激发农民办旅游的积极性和提高农民办旅游的能力,努力开拓乡村旅游的本土特色,增加旅游收益,使广大农民真正受益。总之,发展乡村旅游要以增加农民收入为核心,以保护乡村的自然生态环境为重点,维护乡村性和地方特色,走特色化、规范化、规模化和品牌化一体化的道路,实现乡村旅游产业化的基本目标,最终实现乡村旅游业的可持续发展。

第四节 移动互联网与乡村旅游结合案例

1. 国内经典案例

(1) 兴隆热带植物园（见图 7-2）
依托科技信息型。

图 7-2 兴隆热带植物园

【项目定位】
综合性热带植物园。
【功能体系】
集科研、科普、生产、加工、观光和遗传资源保护为一体。
分植物观赏区、试验示范区、科技研发区、立体种养区和生态休闲区五大功能区。

【互联网思维】
● 通过电视台节目录制、推广,建设影视基地,扩大景区知名度。
● 门户网站信息齐全,开设科普专栏,做好科技示范。
● 完善旅游信息系统功能,在携程等知名平台做好在线支持服务,包括景区门票出售,游玩攻略,在线评分等功能,带动经济发展。
● 设立网购平台——"兴科商城",为游客购买特色产品提供便利性。

【运营亮点】
保存的大量当地珍稀物种,将科学研发与乡村旅游有机结合,具有独特性。

【经验借鉴】
● 明确主题定位,合理构建旅游产品体系。

(2) 许村国际艺术公社(见图 7-3)
创意主导型。

图 7-3　许村国际艺术公社

【项目定位】
中国当代艺术乡村风格创作基地。

【功能体系】
包括创作中心、展示中心、艺术家工作室、新媒体中心、陕西艺术研究基地艺术等。

【互联网思维】
- 吸引信息化专业人才返乡工作,做好互联网资源建设工作。
- 在做好改造的同时吸引媒体关注,组织采访活动,扩大许村知名度。
- 建立许村官方网站,及时宣传咨询。

【运营亮点】

通过当代艺术理念和手段重新规划乡村,延续村落历史价值(见图7-4)。

图7-4 许村乡村风格设计

【经验借鉴】
- 修复街道,传承文明。
- 延续风貌,有机更新。
- 联动村民,加强互动。

(3)台一生态休闲农场(见图7-5)

产业依托型。

【项目定位】

特色农业度假小镇。

【功能体系】

以自然生态教育为主,集农业观光、花卉造景、住宿休憩等功能为一体。

【互联网思维】
- 通过网络、搜索引擎在线获取地图数据,加强引导。

- 搭建网络平台，提供线上预订。
- 重视口碑及产品营销，加强网络营销。

【运营亮点】

小规模精致农业，DIY农场体验。

【经验借鉴】

- 特色产业，主题鲜明。
- 布局合理，动线串联。
- 多人同乐，深度体验。
- 更新理念，与时俱进。

图 7-5　台一生态休闲农场

(4) 马嵬驿民俗文化体验园（见图 7-6）

历史文化型。

【项目定位】

新概念生态园。

【概况】

集文化展示、文化交流、原生态餐饮、民俗文化体验、休闲娱乐、生态观光、环境保护七大功能于一体。

【互联网思维】
- WI-FI 覆盖，移动支付，吸引阿里巴巴投资设点。
- 开放平台，共享经济，吸引不同类型商家，增强对外吸引力。
- 建设网站，提升形象，搭建在线特产购买平台。

【运营亮点】

以"古驿站文化"为核心，融合"农耕文化"和"民俗文化"，开展新型旅游形式。

【经验借鉴】
- 对传统民俗文化深度挖掘，充分发扬园区特色。
- 坚持生态效益与经济效益统一，保护并充分运用文化资源，坚持可持续发展。

图 7-6 马嵬驿民俗文化体验园

2. 国外经典案例

（1）英国 EDEN 伊甸园（见图 7-7）

依托科技信息型。

【项目定位】

世界最大的生态温室群。

【互联网思维】
- 建设门户网站,扩大国内外知名度。
- 设立网络购物平台,售卖特色植物、食品、饮料以及宠物用品。

【运营亮点】
集科学教育、生态观光、休闲体验为一体。
园内布局三大种植馆——潮湿热带馆、温暖气候馆、凉爽气候馆。

【经验借鉴】
- 坚持节能环保理念,通过环境再生技术对地块进行改造。
- 开发多种类型产品,满足各市场群体。
- 建筑、景观多采用环保绿色设计,呼应主题。

图 7-7 英国 EDEN 伊甸园

(2) 日本水上町(见图 7-8)
创意主导型。

【项目定位】
农村公园。

【功能体系】
集"人偶之家""面具之家""竹编之家""茶壶之家""陶艺之家"等 20 多个传统手工艺作坊为一体。

【互联网思维】
- 政府重视信息通信技术在促进园区发展方面的作用。
- 将值得体验的景点列在地图上,发布到互联网上,利用互联网促进当地经济发展。

【运营亮点】
根据当地实际提出的"农村公园构想",将农业与休闲构成一体。

【经营借鉴】
- 保存史迹、继承传统。
- 以传统特色手工艺品为卖点,大力发展特色体验旅游。
- 政府大力扶持,提高积极性。

图 7-8 日本水上町

(3) 日本小岩井农场(见图 7-9)

产业依托型。

【项目定位】

休闲畜牧型牧场。

【功能体系】

主要功能分为动物农场、农具展览馆、山麓馆、牧场馆、天文馆以及配套区。

【互联网思维】
● 农场内景观"一本樱"因成为NHK电视的场景而名声大噪,特别是在日本和中国台湾地区。
● 建立农场官方网站,介绍农产的交通区位、发展史、整体特色、观光项目以及特色产品。

【运营亮点】
"羊"主题牧场体验,注重发展DIY体验项目。

【经验借鉴】
● 以农业产业为核心驱动力,融合区域优势。
● 将休闲娱乐、意识活动、功能配套三大板块相结合,辅助核心区动力发展。
● 深度发掘产品体验,增强游客积极性。

图7-9　日本小岩井农场

(4) 韩国·城邑民俗村(见图7-10)
历史文化型。

【项目定位】
休闲畜牧型牧场。

【功能体系】
主要功能区分为动物农场、农具展览馆、山麓馆、牧场馆、天文馆以及配套区。

【互联网思维】
- 利用韩剧《大长今》以及《捉妖记》等影视作品为卖点提升乡村知名度。
- 拍摄民俗村网络宣传片,吸引国内外游客。
- 在互联网上提供在线交通、美食、景点、住宿等攻略,提供网络订购平台。

【运营亮点】
文化遗产保留较好,反映济州岛独特居住文化。

【经验借鉴】
- 注重传统历史的保护与传承,维持村落原有特色,保留民风民俗。
- 利用资源实现地方经济发展,在民俗村内开设特色商品店。
- 为保留民俗村特色,政府为村民提供优厚政策。

图 7-10 韩国·城邑民俗村